고도원의 인생작법

누구든 글쓰기

고도원의 인생작법

누구든 글쓰기

고도원 지음

프롤로그

누구나 글을 쓸 수 있다

글쓰기는 쉽다. 글이 곧 삶이기 때문이다. 누구나 자기의 삶을 살아간다. 그러므로 누구나 글을 쓸 수 있다. 반대로 말할 수도 있다. 글쓰기는 어렵다. 글이 곧 삶이기 때문이다. 삶을 살아내기 어렵다면 글을 쓰기는 더 어렵다. 그래서 삶도, 글쓰기도 특별한 기술이 필요하다.

내가 글을 쓰는 이유는 할 일이 없어서였다. 더 사랑하고 싶어서였다. 시간이 없어서도 시간이 남아서도 썼다. 슬플 때도 아플 때도 썼다. 그냥 썼다.

이제 와 돌아보니 방대한 독서와 끊임없는 글쓰기는 어두웠던 어린 시절을 밝혀주었고, 울분 넘치던 대학생 기자에게 용기를 주었고, 우리말과 글에 대한 깊은 탐구로 이어져 나만의 문체를 만들게 되었고, 대통령의 생각과 철학을 녹여낸 연설문을 쓰게 이끌었다. 깊은산속 옹달샘의 중대한 기로마다 물길을 트고 위기를 넘어서는 변곡점이 되어주었다. 이처럼 누구에게든 글 쓰는 이유가 있고 어떤 이유든 그만한 값어치가 있다.

누구든 글쓰기는 할 수 있다. 누구든 스스로 자기 치유의 글을 쓸 수 있다. 글쓰기란 결국 한 사람의 삶이다. 고뇌다. 치유다.

인간은 누구나 자기 삶을 살아간다. 한 번이라도 아파보지 않은 사람이 있는가? 그 아픔을 이겨내기 위해 고뇌해 보지 않은 사람이 있는가?

한 번이라도 아파보고, 한 번이라도 스스로 치유해 본 경험을 가진 사람은 누구든 작가다. 우리 모두가 훗날 노벨문학상을 받을 수도 있는 위대한 작가다.

깊은산속 옹달샘에서 수많은 사람들을 만나오며 자신의 마음에 차오른 이야기들이 가득함을 느꼈다. 이 이야기들을 글로 쓸 수만 있다면 삶이 치유되고 인생이 전환되는 기회를 맞을 수 있음을 깨달았다.

그같은 마음을 담아 『누구든 글쓰기』를 정리했다. 수십 년간 글쟁이로 살아온 삶의 여정과 그 과정에서 체화한 글쓰기 노하우를 담백하게 담았다.

부디 이 책이 글쓰기가 두려운 이들에게 걱정과 불안을 내려놓고 첫걸음을 뗄 수 있는 용기를 주었으면 좋겠다. 기왕에 글을 써 온 이들에게는 더 반짝이는 글의 영감을 주었으면 좋겠다. 모처럼 펴낸 이 책이 자신의 일과 인생을 더 좋은 방향으로 바꾸고 일상의 삶에 활기와 힘을 주는, 친절한 글쓰기 안내서가 되기를 바란다.

글을 쓴다는 것은 신성한 일이다. 인생을 걸어볼 만하다.

2025년 7월
고도원

차례

프롤로그 | 누구나 글을 쓸 수 있다　5

1장　당신의 삶이 당신의 글이다

- 글의 시작은 언제일까　15
- 경험의 점들을 선으로 이어라　19
- 글쓰기는 자신감을 심어준다　25
- 행복과 불행 모두가 글의 재료다　29
- 삶이 농익으면 글도 농익는다　33
- 사랑과 열정, 글의 핵심 연료　37
- ➾ 내 생애 첫 글쓰기　43

2장　글쓰기의 시작법, 6하원칙

- 6하원칙에 대하여　51
- 글쓰기의 6하원칙 ① 글은 '누가' 쓰는가　53
- 글쓰기의 6하원칙 ② 글은 '언제' 쓰는가　57
- 글쓰기의 6하원칙 ③ 글은 '어디'에서 쓰는가　60

- 글쓰기의 6하원칙 ④ '무엇'을 쏠까 63
- 글쓰기의 6하원칙 ⑤ 글은 '어떻게' 쓰는가 67
- 글쓰기의 6하원칙 ⑥ 글은 '왜' 쓰는가 71
- ➥ 나는 글을 '왜' 쓰는가 74

3장 마음을 사로잡는 글쓰기 기술

- 틀을 만들어라, 그리고 틀을 깨라 85
- 글에도 양념이 필요하다 91
- 언어의 저장고를 가득가득 채워가라 96
- 첫 줄, 어떻게 쓸 것인가 102
- 끝까지 읽게 만드는 힘 108
- 더하기가 아닌 빼기 111
- 그림을 그리듯 글을 써라 114
- 감각의 문을 열어라 118
- 딱 한 사람에게 목숨을 걸어라 124
- 초점과 핵심은 또렷이 드러내라 130
- 가끔은 선 넘는 표현으로 자극해라 133

- 제목과 이름, 어떻게 지어야 할까　139
- 단문 쓰기, 다시 쓰기, 고쳐 쓰기　144
- ➥ 나만의 문체, '고도원체'를 갖게 되기까지　150

4장 | 매일 글 쓰고 독서하는 습관

- '글 쓰는 사람'부터 되라　159
- 글도 자란다　163
- 말하기를 글쓰기로 연결하라　167
- 생각의 속도보다 손이 빨라야 한다　172
- 뽕나무에서 실크를 뽑듯이　177
- 독서, 간접경험의 통로　181
- 글쓰기를 위한 독서법과 독서 환경　187
- 불멸의 언어 뒤에는 독서가 있다　192
- ➥ 꿈은 무엇으로, 어떻게, 이루어지는가　197

5장 | 글은 치유다, 글은 성장이다

- 위기의 변곡점이 되어준 '아침편지' 205
- 상처의 뿌리로 들어가서 쓰기 209
- 글쓰기가 곧 명상인 이유 218
- 글쓰기는 인내다 226
- 슬럼프를 넘어서는 비법 230
- 잘 들어야 잘 쓸 수 있다 234
- ↪ 자기 삶의 예언자였던 시인, 기형도 239
- ↪ 글쓰기 열풍의 장본인, 강원국 244

부록 | 리더와 고스트라이터의 글쓰기

- 리더의 글은 어떠해야 하는가 249
- 좋은 고스트라이터가 되려면 255
- 김대중 대통령의 '고스트라이터', 연설비서관 260

1장
당신의 삶이 당신의 글이다

글의 시작은 언제일까

글쓰기는 달리기와 같다. 달리기는 언제든 마음만 먹으면 할 수 있다. 다만 결심이 먼저 서야 한다. 건강을 위해서든, 친구의 성화에 못 이겨서든, 어느 날 '한번 해보겠다'고 결심하는 순간 달리기는 시작할 수 있다. 준비할 것은 오직 운동화뿐이다. 그 운동화를 신고 집만 나서면 된다.

글도 마찬가지다. '나도 한번 써보겠다'고 결심하면 그것이 글쓰기의 시작이 된다. 준비 사항이 많지도 않다. 종이와 볼펜 하나면 족하다. 아니, 요즘은 그마저도 필요 없다. 휴대폰이나 컴퓨터 자판만 열면 된다. 놀라운 점은 그다음이다. 달리기를 하기 시작하면 건강이 좋아지고 일상의 삶이 달라지는 것처럼, 글을 쓰기 시작하면 그 순간부터 삶이 통째로 달라질 것이다. 눈에 보이는 풍경이 하늘과 땅 차이로 바뀔 것이다.

그러나 오해는 없기를 바란다. 글쓰기는 과연 펜을 들거나 컴퓨터 자판 앞에 앉을 때 시작되는 것일까. 아니다. 어떤 일에 대해 써보겠다는 생각을 하는 순간이 글의 시작점이다. 생각이 먼저라는 말이다. 미처 생각조차 하지 않았는데 어느 순간 갑자기 써지는 글도 물론 있다. 그러나 그런 글들도 잘 들여다보면 꽤 오래전부터 가슴에 담아두었던 생각인 경우가 많다. 인생의 축적된 경험, 축적된 생각에서 글이 실타래처럼 풀려나온다.

글은 삶이다. 누구나 자기 삶을 살아간다. 그 삶이 곧 글이다. 누구나 자기 삶을 살아가듯이, 누구나 자기 글을 쓸 수 있다. 가수 이은미가 말했다. "세상에는 나보다 노래를 잘하는 사람들이 많지만 나처럼 부르는 사람은 없다."

글은 더 말할 것도 없다. 누구나 '나의 글'을 쓰면 된다. 다른 사람보다 잘 쓰려고 애쓸 필요도 없다. 그저 자기 글을 쓰되, 어제보다 더 나은 글을 쓰겠다고 노력하면 된다. 노벨문학상을 받은 한강 작가가 "다른 사람보다 잘 쓰려고 애썼다"라고 했다는 말은 들어본 적이 없다. 한 줄 한 줄 자기 글을 쓴 결과가 노벨 문학상으로 이어진 것이다. 시대와 부딪치고 살면서, 고뇌하면서, 눈물 쏟으면서 쓰다 보니 어느 날 기적처럼 노벨문학상이 작가 앞으로 다가온 것이지, 작가가 그 상을 쫓아갔던 게 아니다.

'고도원의 아침편지'도 매일 하나씩 쓰는 글이지만, 그중에는 6개월 전부터 '아침편지로 써야겠다'고 마음먹은 글들도 있다. 발효된 술처럼 오랫동안 가슴에 담고 묵혀왔던 생각이 툭 하고 터져 나오는 글들이다. 내 삶 깊숙이 다가오는 어떤 사건이나 만남들에서 비롯된 생각이 마음의 우물에 고여 있다가 어느 날 모니터 앞에 앉았을 때 불쑥 떠올라 글이 되는 것이다. 오랫동안 머릿속에서 그림을 그려왔던 생각의 점들이 그 순간엔 머리를 쥐어짜지 않았는데도 솟구치듯 튕겨 나오듯 글이 된다.

글은 아주 미세한 것, 스치듯 지나가는 사소한 것에서도 시작될 수 있다. 무엇이 좋았고 무엇이 나빴는지, 그 느낌만으로도 글을 쓸 수 있다. 나를 잘 관찰하는 일도 글쓰기의 출발점이 될 수 있다. 나는 어떤 점이 모자라고 넘치는지, 무엇을 드러내고 감추고 싶은지를 마치 현미경으로 들여다보듯이 하라. 내 삶의 파편들, 내가 만나는 사람들의 외면과 내면, 그때 떠오른 느낌과 생각들을 글의 시작점으로 삼아라. 그러면 더 잘 관찰하게 된다. 더 잘 관찰하게 되면 더욱더 풍부한 단어와 문장들이 내 안에 별빛처럼 쏟아져 들어온다.

글은 불과 같다. 한번 불이 붙으면 저절로 타오른다. 바람의 영향을 받을 뿐, 어디로 번질지 알 수 없다. 글이 글을 만든다. 이전에 전혀 생각하지 않았던 일들이 글을 쓰면서 만들어지고 타오른다. 말이 말을 만드는 것과 같은 이치다.

누군가를 만나 이야기를 하다 보면 자신도 미처 생각하지 못했던 말들이 튀어나오는 경험을 해본 적이 있을 것이다. 그러나 곰곰이 생각해 보라. 자신도 놀랄 정도로 쏟아져 나온 말들도 언젠가 한 번쯤 가슴에 묻어두었던 생각들이 아니던가. 잠깐 생각해 봤던 일들이 안에서 무르익어 어느 날 누군가와 대화하는 순간 더욱 화려한 표현으로 만들어진다.

글도 그와 같다. 모래알처럼 작은 생각의 점 하나를 붙들고 글을 쓰기 시작하면 스스로도 놀라는 아주 새로운 생각들이 쏟아져 나온다. 자기 안에 숨어 있던 생각들이 손끝에서 글로 만들어진다. 그것을 죽 따라가라. 멈추지 말고 끝까지 따라가서 초초안을 완성하라. 그리고 내던져라. 차를 마셔도 좋고 바깥바람을 쐬러 나가도 좋다. 반나절도 좋고 하루도 좋다. 길게는 몇 날 몇 달도 좋다. 그러다 어느 날, 내던져놓았던 초초안을 붙들고 다듬어라. 고치고 또 고쳐라. 더 쉽게! 더 잘 읽히게!

오래된 포도주처럼 잘 발효된 생각들이 이야기로 엮여 쉽게 읽히고 편안하게 다가오는 글이 잘 쓴 글이다. 그러니 평상시에 생각의 점을 많이 찍고 멀찌감치 내던져놓아라. 그러기 위해 많이 관찰하고 깊이 관찰하라. 많이 아파하고 깊이 연민하라. 삼라만상을 혼이 담긴 시선으로 바라보라. 꽃과 나무, 바람을 혼을 담아 눈여겨보고 그것들과 나, 내 삶과의 관계를 깊이 생각해 보라. 그러고는 남의 일처럼 내던져버려라. 그렇게 미리미리 많이 던져놓아라. 어느 날 갑자기 그것들은 글이 되어 내 펜 끝에 매달릴 것이고, 당신은 이은미처럼 '나의 노래'를 부르게 될 것이다.

경험의 점들을 선으로 이어라

"어떻게 하면 글을 잘 쓸 수 있어요? 글 잘 쓰는 방법을 좀 말씀해 주세요."

이런 질문을 종종 받곤 한다. 특히 요즘 들어 글쓰기가 자기표현의 중요한 수단이 되고 개인의 삶에 의미 있는 활동으로 부각되면서 글 쓰는 방법을 고민하는 분들이 많아졌다.

답은 간단하다. 쓰다 보면 잘 써진다. 시작이 중요하다. 잘 써지다 보면 어느 날 '글을 잘 쓴다'는 평판을 받기도 한다. 원고 청탁이 이어지고 작가의 길이 열릴 수도 있다.

글쓰기의 방법과 형식은 다양하다. 그중 사람의 마음을 움직이는 글쓰기가 최우선이다. 누군가의 마음을 치유해 주는 글도 있고,

내면의 변화를 일으켜 새로운 꿈을 꾸게 하는 글쓰기도 있다. 기능적인 글이 될 수도, 인문학적인 글이 될 수도 있다. 시나 소설도 될 수 있다. 글의 성격은 이렇듯 다양하지만 기본적으로 공통점이 한 가지 있다. '점'과 '선'을 바탕으로 한다는 것이다.

글은 점에서 시작된다. 점은 무엇인가? 경험이다. 경험의 점이다. 글은 경험을 이어가는 작업이다.

오늘도 우리는 다양한 경험의 점을 찍었다. 그 속에는 슬프고, 아프고, 힘들고, 기쁘고, 여러 점들이 있다. 그 점들을 찍는 시간 이전에 이미 찍힌 여러 점들도 있다. 또 아직 찍지 않은 미래의 점들 역시 있다. 이 시간 이후에 내가 찍고자 하는, 가고자 하는, 쓰고자 하는 어떤 형태의 점들이다.

글을 쓰는 일은 그 모든 점들을 일정한 틀, 포맷 안에서 서로 연결해 가는 것이다. 경험과 경험을, 점과 점을 선으로 이어 하나의 이야기를 만드는 작업이다. 점이 선으로 바뀌는 순간 그림이 그려지고, 이야기가 만들어진다.

점이 점으로 머물러 있으면 그냥 점이다. 하나의 단어일 뿐이다. 그런데 선으로 이어지는 순간부터 그것들은 파도처럼 출렁이기 시작한다. 높낮이가 생기고, 리듬이 생기고, 뜻이 생긴다. 마치 산줄기에 능선이 이어지듯 이야기가 만들어진다.

이야기의 점이 되는 경험에는 두 가지가 있다. 하나는 직접경험이고, 다른 하나는 간접경험이다. 직접경험은 말 그대로 자기가 직접 체험하는 일, 몸으로 부딪치는 일이다.

직접경험을 반복해서 경지에 오른 사람을 '전문가'라고 부른다. 운동선수로 치면 직접경험의 정점에 오른 사람이 챔피언이다. 올림픽에서 금메달을 딴 사람이다. 챔피언의 자리에 오르거나 금메달을 따는 일을 다른 사람이 대신 해줄 수는 없다. 100퍼센트 오로지 자신의 몫이다.

그런데 챔피언, 금메달 딴 사람을 '지식인'이라고 하지는 않는다. 기자, 작가, 교사, 지식인은 직접경험에 간접경험이 더해진 사람이다. 이들은 다른 사람의 경험을 통해서 자신의 부족한 직접경험 세계를 확장시킨다. 다른 사람의 경험을 내 것으로 잡아채 내 안에서 다시 버무려 토해낸다. 이것이 글쓰기의 요체다.

직접경험만으로는 글이 풍부해지지 않는다. 직접경험에는 한계가 있기 때문이다. 그래서 무한대의 간접경험이 필요하다. 다른 사람의 경험, 다른 사람의 지혜, 다른 사람의 상상력, 이런 것들에 자기의 경험, 자기의 지혜, 자기의 상상력을 덧붙여야 풍부한 글을 쓸 수 있다.

다른 사람의 경험을 내가 해보는 데 가장 좋은 방법이 책이다. 그래서 글쓰기의 출발은 독서에 있다. 타인의 경험을 나의 직접경험 세계에 끌어들여 내 안의 거울에 비추어 보고, 그것을 내 것으로 다시 주물러 글로 승화시키는 곳이 글 쓰는 사람의 자리다.

글이 설득력을 가지려면 읽는 사람들에게 그것이 자기 경험처럼 들리게 해야 한다. 글에는 자기가 경험하지 않는 세계, 상상, 때로는 허구까지 등장한다. 이것이 실감나는 자기 이야기처럼 느껴지도록 글 속에 녹여내야 한다. 읽는 이로 하여금 자기가 경험한 게 아님에도 마치 자기가 경험한 듯 느끼게 해줘야 한다.

직접경험과 간접경험을 얘기하면 이를 과거의 일로만 생각하기 쉽다. 물론 경험은 과거다. 많은 부분이 예전에 겪었던 일, 예전에 읽었던 것이다. 그런데 또 하나의 점이 있다. 앞에서도 잠깐 언급한 '미래의 점'이다. 내가 가고자 하는 점, 내가 창조하는 점이다. 그 점을 내가 미리 찍고 가는 것이다.

예를 들어서 내가 꽃밭에 가겠다고 하는 점을 찍고 가면 어떤 일들을 경험할 수 있을까? 꽃을 볼 수 있다. 향기를 경험한다. 점을 찍은 사람은 나인데 이미 그 꽃밭에 가야겠다는 점을 찍는 순간 꽃과 향기 같은 경험들이 예비되어 있다. 거꾸로 내가 쓰레기통에 가겠다, 시궁창에 가겠다는 점을 찍고 가면 내가 준비하지 않아도 이미 악취와 아름답지 않은 경험들이 예비된다. 그래서 미래에 내가 가고자 하는 점을 찍는 게 중요하다. 이것을 우리는 '상상'이라고도 하고 '꿈, 목표, 방향'이라고도 한다. 이 미래의 점들이 글 속에 담겨 세상에 없는 이야기를 만들어가야 한다.

한 걸음 더 나아가, 글을 쓰는 '나'라는 존재에 대한 성찰과 자기 암시가 필요하다. 나라는 존재는 우주에 하나뿐이다. 기록된 글은 불멸한다. 태초 이전부터 존재했고 앞으로도 불사조처럼 영원히 존재할 것이라는 확신과 신념으로 글을 쓰고 이야기를 만들어가야 '불멸의 서사시'가 나온다. 그런 확신, 신념, 자신감이 있어야 좋은 글쟁이가 될 수 있다. 세상의 모든 경험과 지식을 다 가진 사람이라도 된 듯이……. 마치 전지전능한 신이라도 된 듯이……. 그만큼 온갖 경험과 방대한 독서가 필요하다.

일단 시작하기

황석영 작가가 어느 인터뷰에서 말했다.

"글은 왼쪽에서 오른쪽으로 쓴다."

어렵게 생각하지 말라는 뜻이다. 일단 시작하라는 뜻이다.

"글은 엉덩이로 쓴다"라는 말도 했다. 인내와 오랜 시간이 필요하다는 뜻이다.

"왜 글을 쓰는가?"라 묻자 황 작가는 "아무도 쓰지 않아서 내가 썼다"라고 대답했다. 글은 다른 사람이 못 쓰거나 안 쓰는 것을 내가 쓰는 일이다.

글을 잘 쓰려면 어떻게 해야 하는가? 쓰기를 좋아해야 한다. 쓰는 것 자체가 즐거워야 한다. 글 쓰는 즐거움, 이를 몸으로 손으로 터득해야 한다. 쓰는 것이 일이 아니라 펜과 손가락으로 노는 것이어야 한다. 그러다 보면 그 과정의 중간중간에 좋은 멘토들을 많이 만날 수 있다. 하지만 그 중심에 내가 있어야 한다.

놀이를 하면서 겁을 먹거나 두려워하는 사람은 없다. 놀이하듯 글쓰기를 하라. 두려워하지 말고 일단 시작하라. 연인 간의 대화를 연상해 보라. 연인끼리 대화할 때는 대부분 미리 주제를 정해놓고 말하지 않는다. 일단 말하기를 시작하는 것이다. 말하다 보면 이야기가 풀리고 엮이고 번진다. 글도 마찬가지다. 쓰다 보면 풀리고 자라며 이야기가 만들어지는 것이다. 그러니 일단 쓰고 싶은 대로 써 보라. 너무 잘 쓰려고 하지 마라.

사람들이 글을 쓸 때 가장 두려워하는 것이 있다. 남들의 평가다. 남들로부터 부정적 평가를 받거나 모욕을 당하면 손발이 후들거려 글을 쓸 수가 없다. 중요한 순간은 바로 그때다. 글 쓸 힘을 잃어버린 그 순간에 거기서 다시 한번 기운을 내야 된다. 내가 쓴 글을 두고 누군가 내린 평가에 상처를 입었다면 그 상처를 글로 써라. 내가 상처 입은 걸 글로 써라. 훨씬 '재미있는' 얘기가 나온다.

요즘은 SNS처럼 글을 통해 자기 의견을 드러내는 공간이 많아졌다. 동시에 SNS에 올린 글 때문에 상처를 입는 경우도 많다. 사람들이 내 말에 꼬투리를 잡거나 감정적 반응을 보이는 경우도 허다하다. 연예인이나 공인이 쓴 글에 대해서는 공격의 정도가 더 심하다.

이런 시대일수록 글 쓰고 상처받는 일을 두려워하지 않는 마음의 근육이 필요하다. 모욕적인 평가나 상처에 굴하지 않고 글을 쓸 수 있는 힘은 어디서 올까? 내적 단단함, 마음의 근육에서 온다. 기본체력이 있어야 한다. 글을 쓰는 사람은 겁이 없어야 한다. 두려움을 털어내야 한다.

글쓰기는 자신감을 심어준다

글쓰기는 작가만의 영역이 아니다. 누구든 글 쓰는 사람이 될 수 있다. 아무리 평범한 사람도 글을 쓸 수 있고, 그 글 때문에 신화가 되고 전설이 될 수 있다. 어느 순간 세상을 흔드는 인물로 다시 태어난다.

아무리 기술 문명이 발달하고 인공지능이 넘쳐나도 모든 것은 결국 글로 표현되고 글로 남는다. 불멸의 영혼이 담긴 자기표현 수단은 글밖에 없다. 글의 수준에 따라 그 사람의 격이 달라진다. 직업과 돈벌이, 꿈의 차원도 달라진다.

글쓰기는 본질적으로 혼자 하는 작업이다. 홀로 고독과 싸우는 일이다. 글씨 공부와 마찬가지다. 글씨도 혼자 쓴다. 처음에는 삐뚤

빼뚤하지만 계속 쓰면 달필이 된다. 달필이 됐다는 말은 반복해서 썼다는 뜻이다. 음식물을 열 번 씹었을 때와 쉰 번 씹었을 때 몸에 흡수되는 영양소가 다르듯이 글도 글씨도 그러하다. 같은 단어를 수백 번, 수천 번 반복해 쓰면, 그 단어의 주파수가 무의식에 들어와 어느 날 자기만의 농축된 표현으로 튕겨 나온다.

글쓰기에는 나이가 없다. 나는 초등학교 5학년 때 시작했다. 최인호 작가는 고등학교 때부터, 무라카미 하루키는 스물아홉 살에, 박완서 선생은 40대 후반에 글쓰기를 시작했다.

무라카미 하루키가 말했다. "뭔가를 쓰고 싶었지만 어떻게 쓰는지 몰랐다. 그래서 미국 책, 서양 책을 읽고 구조를 빌려다 나의 독창적 스타일로 쓰기 시작했다. 그게 시작이었다."

"나처럼 평범한 사람에게 무슨 글쓰기가 필요하겠느냐"라고 말할지 모른다. 그렇지 않다. 평범한 사람도 글을 쓰면 비범한 사람이 된다. 기록을 남기는 역사적 인물이 된다.

글 쓰는 기술을 가지면 우선 자기 삶에 대한 영향력이 달라진다. 예를 들어 어느 아버지 어머니가 자녀들에게 읽힐 목적으로 글쓰기를 시작했다고 치자. 그 글을 남기는 순간 엄청난 일이 벌어진다. 우선 자녀들에게 미치는 영향부터 달라진다. 당장은 아니더라도 자녀들은 성장하면서 부모가 남긴 글을 통해 자신을 돌아보고 지적(知的) 영향을 받을 것이다. 부모에 대한 생각과 평가도 달라질 것이다. 부모가 쓴 글을 읽은 자녀가 훗날 세계적인 인물로 성장할지도 모른다. 글은 영향력을 대물림한다.

글쓰기는 무기다. 경쟁력이다. 자신감을 갖게 해주는 요소가 된다. '나도 글을 잘 쓴다'는 자신감은 누구나 스스로 체득할 수 있는 무기다. 그 무기는 많은 부분에서 자신의 삶을 풍요롭게 해준다. 자신이 열심히 노력해서 가질 수 있는, 자기만의 무기가 되어주기 때문이다.

누구나 글쓰기에 자신감을 가져도 좋을 이유가 있다. 많은 것을 요구하지 않는다는 점이다. 신발 하나만 있으면 언제든 달리기를 할 수 있는 것처럼, 몽당연필 하나만 있으면 언제든 글쓰기를 시작할 수 있다. 어린 시절 나는 52색짜리 '왕자표 크레파스'를 가질 수 없어 화가가 되고 싶다는 꿈을 접었다. 그러나 몽당연필 하나 덕분에 백일장 대회에서 장원으로 뽑혀 평생 글쓰기를 할 수 있었다. 그때 내게 글쓰기는 '가진 것이 없어도 잘할 수 있다'는 자신감을 심어주었다. 가난으로 상처받은 나를 일으켜 세우는 더없이 좋은 도구였던 셈이다.

글은 공간과 시간을 뛰어넘는다. 종횡무진할 수 있다. 달나라도 갈 수 있고 별나라의 '어린 왕자'도 만날 수 있다. 그래서 꿈꾸는 사람, 진정한 의미의 전문인, 좋은 어머니 아버지가 되고자 하는 사람은 글쓰기 공부를 해야 한다. 글을 잘 쓸 수 있어야 한다.

아버지의 철학과 어머니의 생각이 녹아 있는 글이라면 단 한 줄짜리여도 아이들을 움직이게 한다. 대문호의 글보다 더 큰 감동을 아이들에게 주기 때문이다. 그렇기 때문에 누구든 적어도 자기 자녀들에게는 세상에 둘도 없는 대문호가 될 수 있다.

글은 찾아갈 곳이 필요한 사람에게 지도를 제공한다. 누구든 좋은 지도의 제작자가 될 수 있다. 수십억의 인류를 위로하는, 좋은 치유의 힘을 가진 지도의 창작자가 될 수 있다.

적어도 내 글 하나로 내가 사랑하는 사람, 가족, 친구, 직장 동료와 선후배가 인생이 달라지는 경험을 하게 될 것이다. 편지글 하나에도 그런 힘이 있다.

행복과 불행 모두가 글의 재료다

바야흐로 스토리텔링의 시대다. 모든 분야에서 이야기의 중요성이 강조되고 있다. 이야기를 통해 사람들 마음을 움직인다. 기업이 상품을 홍보할 때는 물론이고 언론이 소식을 전할 때도 스토리텔링을 활용한다. 거슬러 올라가면 전설, 신화도 다 스토리텔링이다. 누가 어떤 점을, 어떻게 이어서, 어떤 이야기를 만들어내는가? 경쟁력이 여기에 있다.

한 대학생이 한수산 작가에게 물었다. "소설을 잘 쓰려면 어떻게 해야 됩니까?" 작가가 대답했다. "인생이 재수 없어야 된다."

돌이켜보니까 나도 인생에 재수가 없었다. 어린 시절, 나는 아버지가 목사였기에 이사를 많이 다녔는데 가는 곳마다 왕따를 당했다. 비 오는 어느 날, 한 형이 우산을 들고 미소로 다가와 손을 잡아 주더니 나를 똥통에 퐁 빠뜨렸다. 구경하던 동네 아이들의 깔깔대는 웃음소리가 악마의 천둥소리처럼 들렸다. 내 인생 최초의 살의를 그때 느꼈다.

나를 똥통에 빠뜨린 그 형은 지금도 살아 있다. 하루는 어느 강연장에서 그분과 마주쳤다.

"혹시 저를 똥통에 빠뜨린 그 어른 아니시오?"

"죄송합니다, 죄송합니다."

"죄송할 것 없습니다. 선생님이 계셔서 제가 오늘 이 자리에 오게 된 겁니다."

똥통에 빠진 그날 이후 나는 자폐증에 걸린 환자처럼 심각한 대인기피증에 시달렸다. 말문이 막혀 한동안 실어증에 걸렸다. 언제나 입을 앙다문 내성적인 아이로 돌변했다. 엄청난 트라우마였다. 비 오는 날이면 밖에 나가질 못했다. 나가더라도 누가 우산을 들고 오면 뒷걸음치고 도망갔다. 그러니 집 안에 처박혀 있을 수밖에 없었다. 그 고독하고 외로운 시간에 나는 책을 읽었다. 재수 없이 똥통에 빠졌던 일이 나를 글쟁이로 만들었다.

청년이 되어서도 인생에 재수가 없었다. 고난이 그치지 않았다. 대학신문 기자 생활을 하면서 썼던 '십계명'이라는 제목의 기명칼럼이 문제가 되어 긴급조치 9호에 제적이 됐다. 강제징집이 됐고 '쫑난' 청년이 됐다. 어느 곳에서도 이력서를 받아주지 않는 세월을 보내야 했다.

그러나 돌이켜보면 그 시절이 나로 하여금 책을 읽게 만들었다. 할 것이 없으니까, 갈 곳이 없으니까, 남산 도서관에 가서 책을 읽으며 지냈다. 자다 읽다, 읽다 자다 했다. 그것이 나에게는 글쟁이로서의 기본기를 갖추게 한 소중한 기간이었다. 칼날을 가는 준비 기간이었다. 그때는 아팠고 고통이었지만, 그 모든 고난과 불행의 경험이 훗날 나의 글쓰기 재료가 됐다.

글의 재료는 행복한 시간에 만들어지기도 한다. 하지만 그보다는 불행한 시간, 고난의 시간에 많이 만들어진다. 일생에서 가장 재수 없는 시간에 만들어진다. 그렇기에 글을 쓰고자 하는 사람은 인생의 모든 불행에 기뻐해야 한다. 불행과 고난의 경험이야말로 다시없는 글쓰기 소재가 되기 때문이다. 그것이 글쟁이 내면의 힘을 키운다.

그렇다고 해서 글에 고통만 담겨서는 안 된다. 고통만 담기면 읽기가 힘들어진다. 불행과 고통의 저점만 찍히면 읽는 재미가 없다. 그 반대편의 고점, 저점이 함께 춤을 추어야 한다. 굴곡이 있어야, 고점과 저점이 교차해야, 재미있는 이야기가 된다. 고점은 우리가 흔히 이야기하는 '성취했던 시간' '행복했던 시간'이다. 희망을 가졌던 시기, 잘나가던 시절, 기쁘고 즐거웠던 경험이다. 저점은 반대다. 절망하고, 좌절하고, 슬프고 힘들고 외로웠던 고통의 시간이다.

어떤 사람의 글은 고점만을 찍는다. 늘 즐겁고, 늘 행복하다. 이런 글은 단조롭다. 아무도 읽지 않는다. 재미가 없다. 거꾸로 어떤 사람은 계속 저점만 찍는다. 비탄과 슬픔과 좌절, 불만과 불평 등 모든 부정적 요소들이 가득하다. 이런 글 또한 아무도 읽지 않는다.

재미있는 글은 높은 점과 낮은 점, 고점과 저점이 결합한 글이다. 전쟁과 평화, 남과 여, 음과 양, 빛과 그림자 등 우리 삶에서 양면성을 갖는 것들은 고점과 저점으로 결합되어 이야기를 만들고 끌어간다. 그래서 좋은 글, 재미있는 글은 출렁인다. 저점과 고점을 넘나드는 것이다, 파도처럼. 춤을 추듯이.

삶이 농익으면 글도 농익는다

　글은 곧 삶이다. 삶을 살아가는 사람의 이야기는 언제든지 얼마든지 글이 될 수 있다. 누구나 살아가면서 자기만의 경험을 하기 때문에 자기만의 글을 쓸 수 있다.
　일본 작가 무라타 사야카가 쓴 『편의점 인간』을 읽었다. 18년째 편의점에서 아르바이트를 하고 있는 자신의 경험을 녹여 쓴 자전적 소설이다. 그 평범한 이야기가 일본의 권위 있는 순수문학상인 아쿠타가와상을 수상했다. 저자는 자신의 삶을 바탕으로 쓴 글 하나로 하루아침에 편의점 아르바이트생에서 일약 유명한 작가가 됐다. 많은 사람이 꿈꾸고 도전하는 문학상을 수상하고 다른 나라에도 자신의 글이 번역되는 유망한 작가가 됐다.

실제 삶보다 더 좋은 글의 재료는 없다. 꾸며낸 이야기가 아니다. 다른 사람의 이야기도 아니다. 자신의 이야기다. 자신의 삶이 글로 쓰이고, 그 글을 읽는 사람이 그 사람의 삶 속으로 들어가게 한다. 마치 자신이 주인공이 된 것처럼 느끼게 하는 글이어야 한다. 주인공의 삶이 나의 삶에도 동시에 일어나는 것처럼 느껴지게 해야 한다.

글과 삶은 하나로 엮여 있다. 물고기가 물속에서 헤엄치는 것과 같다. 물고기는 수영을 배우지 않는다. 태어날 때부터 물속에서 헤엄을 친다. 어머니의 밥 짓기와도 같다. 이 땅의 많은 어머니들 중 밥 짓기를 요리학교에서 전문적으로 배우는 사람은 드물다. 배우지 않았는데도 하루 세끼(요즘은 조금 달라졌지만) 맛있는 밥을 짓는다.

글도 그와 같다. 문법을 잘 알지 못하는 사람도 맛있는 글을 쓸 수 있다. 아니, 오히려 글을 쓸 때는 문법을 생각하지 말아야 한다. 문법은 존재하지만 글은 문법이 아니다. 어린아이가 문법을 배워서 말을 하는 것은 아니지 않은가. 입담 좋은 재능을 타고난 아이는 문법 공부를 하는 순간 그 재능을 잃기 쉽다. 글쓰기에서 문법보다 중요한 요소는 헤엄치듯 살아가는 일이다. 그 삶이 곧 글이 되기 때문이다.

나는 강제징집으로 3년 동안 군대생활을 했다. 졸병 시기도 내게는 고통의 시간이었다. 그런데 이 고통의 시간이 아내와의 사랑을 영글게 만드는 시간이 되었다. 아내에게 편지를 쓰기 시작했다. 매일매일 열심히 썼다. 3년 동안 산더미처럼 썼다. 지금 읽으면 낯간

지럽고 부끄럽다. 그러나 진실이었다.

  좋은 글은 진실이어야 한다. 진심이어야 한다. 진실되지 않은 글은 좋은 글이 아니다. 사람을 움직일 수 없다. 감동시킬 수 없다. 읽는 사람이 그 글을 읽고 마음이 움직여야 좋은 글이다. 동감하고 감동하고 가슴으로 느낄 수 있어야 한다. 느낌을 주지 않는 글은 좋은 글이 아니다. 진실과 진심이 담긴 글이 새로운 길이다. 그래서 글은 힘이 있다. 표현이 거칠고 투박해도 진솔한 글이면 그 자체만으로도 힘 있는 글이 된다.

  '글이 곧 삶'이라는 말 속에는 '글도 삶도 늘 변화하고 새로워야 한다'는 뜻이 담겨 있다. 삶이 농익으면, 글도 농익는다. 삶이 성장하면, 글도 성장한다. 새로운 경험과 생각으로 삶이 농익고 성장해야 글도 함께 농익고 성장한다.

  영화 〈남한산성〉을 보면서 "글은 길이다. 사는 길이다"라는 대사가 귀에 들어왔다. 그렇다. 글은 길이 된다. 사는 길이 된다. 삶의 길이다. 생각의 길이요, 감각의 길이요, 놀이의 길이다.

  글은 새로운 길을 내기도 한다. 새로운 길이란 무엇인가. 언젠가 많이 걸었던 길 같은데 처음 걷는 것 같은 길, 매우 익숙한 길 같은데 너무 새롭고 낯설게 느껴지는 길, 수없이 반복해서 걸었던 길인데 마치 한 번도 가보지 않은 것 같은 길, 그것이 새로운 길이다. 그래서 이전과는 전혀 다른 세상이 있음을 깨닫게 하는 것, 이것들이 좋은 글이 갖춰야 할 요소다.

  영화 〈남한산성〉에는 이런 대화도 나온다. '나루'라고 하는 소녀에게 척화파 김상헌이 묻는 대목이다.
"언제 송파강에 얼음이 녹느냐?"
나루가 대답한다.
"민들레꽃이 필 때 녹습니다."
맛깔스러운 표현이다. 영화의 마지막 신도 "민들레꽃이 다시 피었다"로 끝난다.
영화 대사도 그렇지만 글은 단지 기교로만 빚어질 수 있는 게 아니다. 자신의 평범한 일상의 삶에서 자연스럽게 툭 터져 나온 맛깔스러운 말에서 글이 빚어진다. 사시사철의 변화를 몸으로 느끼면서도 그 변화를 늘 새로운 눈으로 바라볼 때 비로소 알게 된다. 민들레꽃이 필 때 송파강 얼음이 녹는다는 것을.
일상을 살면서도 일상에 안주하지 않고 일상 너머의 것에 대한 관찰과 호기심을 갖고 살아야 한다. 그래야 맛깔스러운 표현이 나온다. 문학적, 예술적 글이 써진다. 소재가 유별나거나 새로울 필요는 없다. 소재가 새롭지 않더라도 시각이 새롭거나 표현과 전개 방식이 새로우면 글도 새롭다. 새로운 세상을 그려내는 것이다. 안주하지 않은 인생이 그 자체로 새롭고 매력적이듯 말이다.

사랑과 열정, 글의 핵심 연료

어니스트 헤밍웨이는 1958년 프랑스 문학잡지 《파리 리뷰(*The Paris Review*)》와의 인터뷰에서 이런 말을 했다.

"이야기를 하나 쓰고 나면 언제나 텅 빈 기분이 들었다. 슬프면서도 기쁘고, 마치 사랑을 나눈 듯한 느낌이었다. (중략) 책이나 이야기를 쓰는 동안 나는 가능한 한 아침 햇살이 비치는 즉시 글을 쓰기 시작한다. (중략) 그리고 멈추는 순간, 사랑하는 사람과 사랑을 나눈 뒤처럼 텅 빈 듯하면서도, 동시에 텅 비지 않고 무언가로 가득 채워지는 느낌이 든다."

그렇다. 글쓰기는 비움과 채움이다. 사랑의 행위와도 같다. 사랑의 반복 행위, 비움과 채움의 반복이다. 에너지의 소진과 채움의 반복이다. 사랑 행위로 에너지가 소진되는데 곧 채워진다. 그것을 경험으로 알기 때문에 피곤한 줄 모르고 사랑 행위를 반복한다. 글쓰기를 반복하는 것은 사랑을 반복하며 완성해 가는 여정이자 훈련이기도 하다.

글쓰기는 사람의 영혼을 성장시킨다. 최명희 작가는 "언어는 영혼의 무늬"라고 말했다. 언어(言語), 곧 글과 말은 그 사람의 영혼에서 솟아나온 물방울이다. 그 사람의 총체적 영적 우물에서 솟구치는 물방울이다. 영혼의 우물에 고여 있다가 어느 순간 '아무런 생각 없이도' 저절로 솟아 나온다. 생각 이전의 무의식, 심층의식 속에 머물러 있다가 '아무런 생각 없이도' 솟구쳐 나온 그 물방울이 입술에 붙으면 '말'이고, 손끝에 붙으면 '글'이다.

말과 글은 하나하나의 단어로 시작된다. 그 단어들은 저마다 가진 뜻이 있다. 저마다 다른 주파수가 있다. '사랑, 사랑, 사랑'이라고만 종이 위에 써도 '사랑'이라는 그 단어가 품고 있는 뜻과 주파수가 파동을 일으킨다. 아무 생각 없이 그냥 '사랑'이라는 단어만 썼을 뿐인데도 자기가 경험한 사랑의 기억이 머리에 그려진다.

어떤 단어를 반복해서 쓰면 그 단어의 뜻과 주파수가 자신의 무의식에, 영혼에 고인다. 자기 영혼의 우물에 고여 있다가 어느 날 '나의 언어'로 다시 솟구쳐 나온다. 단어 하나를 놓고도 깊은 사색과 명상이 필요한 이유다.

좋은 어휘나 문장도 마찬가지다. 좋은 어휘, 좋은 문장을 반복해서 쓰고 또 쓰며 무의식의 저장고에 쌓아놓으면 언젠가 자신의 글로 자연스럽게 튕겨 나와 좋은 문장을 만든다. 글에 힘이 생긴다. 글이 강해지고 깊어진다. 설득력도 강해진다.

말이 입술에 달려 있는 영혼의 무늬라면 글은 손가락에 달려 있는 영혼의 무늬다. 입술은 영혼이 말하는 대로, 손가락은 영혼이 시키는 대로 움직인다. 말 한 마디, 글 한 줄에 그 사람의 영혼이 드러난다. 그 깊이와 수준이 나타난다. 그러므로 어린 시절부터 말하기와 글쓰기 훈련을 잘 해야 한다. 그 훈련을 통해 그의 영혼도 함께 자라나고 깊어진다.

사람에 대한 사랑과 삶에 대한 열정

내 삶을 돌아보면 나야말로 어쩌다 글을 썼다. 우연히 글쓰기가 내 삶에 다가왔다. 크레파스가 없어서 글을 썼다. 할 일이 없으니까 글을 썼다. 하지만 그것만으로는 설명되지 않는 게 있다. 열정이었다. '사랑'이라 불리는 뜨거운 가슴의 열정이었다. 그 열정이 나로 하여금 글을 쓰게 했고, 글을 썼기 때문에 오늘의 내가 있다.

열정은 말을 하게 한다. 글을 쓰게 만든다.

누군가를 열렬히 사랑하던 때를 기억해 보라. 그 사람과 열나게 싸우던 때를 생각해 보라. 미처 생각하지도 못했던 말들이 내 입에서 엄청난 폭포수처럼 쏟아져 나온다. 말하면서 자신도 놀라는 어록들이 마구 튀어 나온다. 열렬히 사랑하라. 온몸으로 사랑하며 싸워라. 그 열정 속에서 글이 나온다.

사랑은 열정이다. 열정 없는 사랑은 죽은 시체와 같다. '살아 있는' 사랑은 부딪히고 깨지고 상처를 주고받으면서도 엄청난 열정의 불길에 휩싸인다. 그 속에서 수많은 언어가 쏟아져 나온다. "하나님이 사랑이시다"는 그런 뜻이 아닐까? 사랑하기 때문에 말씀이 쏟아져 나온 것이다. 사랑과 열정이 말과 글을 만들어낸다. 말과 글의 무궁한 원천이 된다. 사랑이 그 출발점이다.

나에게도 불타는 사랑과 뜨거운 열정의 시간이 있었다. 소년 시절 한 소녀를 5년 동안 몸서리치게 짝사랑하게 했던 열정이 나로 하여금 거의 매일 '사랑의 편지'를 쓰게 만들었다. 대학에 다닐 때는 《연세춘추》 동료 기자를 열렬히 사랑한 적이 있다. 200자 원고지 200장 분량의 연애편지를 하룻밤에 꼬박 써서 보낸 적이 있었다. 그토록 장문의 편지를 '날아가듯' 쓰게 만든 힘은 단순하다. 한 여성을 향한 불타는 사랑과 열정이었다.

유시민 작가의 오늘을 있게 한 글은 그가 청년 시절에 쓴 『항소이유서』다. 이 글도 열정에서 나온 것이다. 그는 글공부를 따로 한 사람도, 처음부터 작가를 지망한 사람도 아니었다. 그러나 세상을 바라보는 한 열혈청년의 뜨거운 사랑과 열정은 어느 순간 항소서에 집약되어 일필휘지, 언어의 폭포수처럼 쏟아져 내렸다.

그런데 글쓰기를 계속하다 보면 글에는 그 열정을 잠재우는 힘도 있다는 것을 발견하게 된다. 내가 만일 젊은 시절의 불같은 열정을 그대로 품고 그 성격으로만 계속 살았더라면 오늘의 글쟁이가 될 수 없었을 것이다. 나는 글을 썼기 때문에 이 열정을 삭이고 식힐 수가 있었다. 그렇게 할 수 있었기 때문에 오늘의 나는 조금은 더 고요하고 평화로운 사람으로 살 수 있게 됐다. 아니었다면 지금쯤 나는 무엇이 되어 있을까. 글은 불을 끄는 물과 같다. 글이 나를 순하게 만들었고 과거와는 전혀 다른 부드럽고 말랑말랑한 인간형으로 변화시켰다.

잘 돌이켜보라. 세계적 명성을 얻은 글들은 대부분 삶에 대한 불타는 열정과 사랑의 소산이다. 헬렌 켈러의 『사흘만 볼 수 있다면』도 그중 하나다. 헬렌 켈러는 시각과 청각을 모두 잃었지만 그 누구보다도 삶에 대한 강한 열정과 사랑을 품고 살았다. 자신이 만약 3일간 눈을 뜰 수 있다면 무엇을 보고 싶은지, 어떻게 사랑하고 싶은지에 대해 쓴 글이 『사흘만 볼 수 있다면』이다.

안네 프랑크의 『안네의 일기』도 보기가 될 수 있다. 제2차 세계대전 당시 나치의 극악한 박해 속에서도 한 어린 소녀는 자기가 보고 겪은 일을 일기로 남겼다. 자신의 삶에 대한 무한한 열정과 사랑이 없었다면 불가능했다. 극한의 고통 속에서도 희망을 잃지 않으려는 소녀의 삶에 대한 열정이 『안네의 일기』를 낳았고, 오늘날 그 글을 읽는 이들에게도 큰 용기와 도전의식을 안겨준다.

빅터 프랭클의 『죽음의 수용소에서』도 비슷한 보기다. 유대인 출신 심리학자인 빅터 프랭클은 자신이 나치의 아우슈비츠에서 어떻게 살아남았는지에 대한 경험을 토대로 글을 썼다. 형용할 수 없는 최악의 고통 속에서도 삶에 대한 열정과 사랑이 없었다면 이 또한 불가능했을 기록이다.

J. K. 롤링의 『해리 포터』 시리즈도 삶에 대한 열정과 사랑의 결과

물이다. 이혼과 파산 지경의 경제적 어려움 속에서도 그녀는 글쓰기에 대한 열정을 포기하지 않았고, 그 결과 세계적인 작가가 됐다.

알베르 카뮈의 『이방인』도 좋은 보기가 된다. 소설 속 주인공은 삶의 의미를 찾지 못한 채 온갖 사회적 부조리 속에서 살아가지만, 그럼에도 삶에 대한 깊은 고뇌와 진지한 탐구를 표현했기에 『이방인』은 세계적 저술로 인정받았다.

거창한 시대적 화두나 인간 존재의 의미 같은 심오한 철학이 아니더라도, 작가가 어디에 시선을 두고 깊은 관찰과 열정을 쏟아붓느냐에 따라 얼마든지 세계적 저술의 주제가 될 수 있다. '개미'라는 미미한 곤충에 열정과 사랑을 쏟아부어 나온 역대급 저술, 베르나르 베르베르의 소설 『개미』가 그 단적인 보기다. 베르베르는 우리가 지나치기 쉬운 이 작은 곤충들의 세계를 매우 세밀하게 관찰하여 그들만의 독특하고 복잡한 사회구조의 생존방식을 그려냈다. 혼이 담긴 시선과 열정이 낳은 역작이 아닐 수 없다. 그런 의미에서 열정과 사랑은 좋은 글, 위대한 글, 길이 남는 글의 핵심 연료다.

내 생애 첫 글쓰기

한 청년이 이런 질문을 했다.
"저는 눈물이 좀 많은 편입니다. 슬프거나 감정에 복받치는 이야기를 하다 보면 눈물을 참기가 어렵습니다. 슬픈 이야기를 글로 적을 때도 눈물을 참지 못합니다. 눈물을 삼키고 좀더 즐겁게, 슬픈 것을 오히려 해학적으로 풀어내는 방법이 있을까요?"

눈물은 글 쓰는 사람에게 요구되는 중요한 소양이다. 글을 쓰고자 하는 사람은 눈물을 많이 흘려야 한다. 시인 류시화는 "눈에 눈물이 있어야 영혼에 무지개가 뜬다"라고 말했다. 그렇다. 눈물을 흘려야 영혼의 무지개를 볼 수 있다. 노벨상 수상 작가 한강도 1980년의 5·18을 담은 소설 『소년이 온다』를 쓰면서 "한 줄을 쓰다가 한나절을 울었다"라고 말했다. 그런 점에서 글은 작가의 눈물의 소산이다. 눈물 없이 쓰는 글에는 영혼의 무지개도, 시대적 위로와 치유도 없다.

다만 그 눈물이 어떤 성격의 눈물인지는 잘 살펴보아야 한다. 어렸을 때는 아플 때 운다. 예방주사 바늘에 찔렸을 때도 목청껏 울어댄다. 그건 유아기의 눈물이다. 조금 크면 넘어져 무릎이 까졌을 때 운다. 유년기의 눈물이다. 내가 흘리는 눈물이 아직도 바늘에 찔려서, 또는 무릎이 까져서 흘리는 유아기 또는 유년기의 눈물인지를 살펴봐야 한다. 다 자란 성인이 바늘에 찔렸다고 울어서는 안 된다.

그러면 글을 쓰는 사람은 어떤 눈물을 흘려야 할까? 눈물의 최고봉은 시대적 아픔 때문에 흘리는 치유의 눈물이다. 서로 공감하고 위로하고 사랑하면서 흘리는 눈물이다. 신기하게도 그런 눈물은 아프고 슬픈 이야기 속에 숨겨 있다. 슬픔의 깊은 밑바닥에 웅크리고 있는 기쁨과 감동의 작은 조각들을 건져 올려, 슬픔을 슬픔으로 표현하지 않고 코믹하게, 해학적으로 풀어낼 때 사람들은 웃으며 시대의 아픔을 견디어낸다. 미래의 희망을 발견한다. 그것이 글 쓰는 사람의 역할이다. 치유하는 글쓰기의 작법이다.

어떻게 코믹하게 쓸까. 일부러 코믹하게 쓰면 '웃기는' 글이 된다. 근본을 알아야 한다. 코믹하게 쓴다는 것은 웃기게 쓰는 게 아니다. 슬픔을 넘어서는 해학이 글 속에 담겨 있어야 된다는 뜻이다.

그러려면 몇 가지 근본 자세가 필요하다고 나는 생각한다. 하나는 '낙천성'이고, 다른 하나는 '재해석 능력'이다. 글 쓰는 사람은 근본적으로 낙천적이어야 한다. 다른 사람은 모두 슬픔에 잠겨 울고불고

할 때, 그걸 바라보는 작가의 눈은 근본적으로 낙천적이어야 한다.

　낙천적인 것과 낙관적인 것은 다르다. 낙관적인 것은 무조건 '좋은 결과'를 기대한다. 과정이야 어찌 됐건, 노력의 여부와 상관없이 좋은 결과가 있을 거라고 믿는다. 그래서 결과가 나쁘면 절망하게 된다. 낙천적인 것은 그와 다르다. 결과와 상관이 없다. 결과로 가는 과정을 즐겁게, 기쁘게 받아들인다. 결과가 기대에 못 미치거나 설사 잘못돼도 지금 이 순간 내가 가는 과정에 의미가 있다고 생각하고 기쁜 마음으로 간다.

　낙천적인 감각과 시각을 가지면 남다른 '재해석 능력'을 갖게 된다. 슬픔의 요소가 슬픔만이 아닌 기쁨의 요소로, 절망의 요소가 절망만이 아닌 희망의 요소로 재해석된다. 그것을 글로 풀어내는 기술적 서사가 코믹함이요, 유머요, 해학이다. 사람은 희극보다 비극을 통해, 비극이 안겨주는 눈물을 통해, 자신의 삶을 이해하고 치유받게 된다. 활자화된 글을 보면서 눈물을 흘리는 이유는 그 글이 자기 인생에, 삶에 와닿아 공감할 수 있기 때문이다.

　공교롭게 내 생애 최초의 글도 슬픈 이야기를 코믹하게 풀어낸 것이었다. 초등학교 5학년 때 백일장 대회에 참가했다. 나는 내 안에 글 쓰는 재능이 있는 줄 몰랐다. 그런데 그 백일장 대회에서 떡하니 장원을 했다. 그날 백일장 대회에서 주어진 제목이 '비'였다. 그 무렵엔 한 달 동안 궂은 장맛비가 쏟아졌다.

　가난한 집에 장맛비가 쏟아지면 천장에서 비가 뚝뚝 떨어진다. 그러면 어머니가 바빠진다. 작은 그릇, 큰 그릇, 작은 통, 큰 통에 물을 받아낸다. 쉴 새 없이 걸레질을 한다.

어머니가 밤마다 그 장맛비에 고생하시는 모습을 아들이 본 대로 적은 것, 그것이 내 생애 최초의 글이었다. 나는 어머니의 모습을 슬프게 적지 않고 코믹하게 적었다. 마치 어머니가 잠결에 실로폰 놀이를 하는 것처럼, 퐁당 퐁당 퐁당 물장구 놀이를 하는 것처럼 유머러스하게 적었다.

어머니에게 감사한 것은 아들이 그렇게 쓸 수 있도록 보여준 어머니의 '낙천적 몸짓'이었다. 아들의 눈에 실로폰 놀이처럼 보이게 한 어머니의 몸짓이 나로 하여금 코믹한 글을 쓰게 만들었다. 궁핍한 시골교회 목사의 아내로 밤새 고역이었을 물걸레질을 아들이 슬프게 적지 않고 코믹하게 적을 수 있도록, 어머니는 몸짓과 표정으로 나의 첫 글의 '재료'를 제공해 주었다. 그때 어머니가 우거지상을 지으며 마냥 슬픈 표정으로 빗물을 받아냈으면 아마도 이야기는 달라졌을 것이다.

슬픈 이야기를 슬프게 적으면 아무도 안 읽는다. 내 글의 첫줄은 '우리 어머니는 밤마다 실로폰 놀이를 한다, 퐁당 퐁당 퐁당'으로 시작됐다. 하지만 돌이켜보면 그런 코믹함만으로 내가 장원상을 받은 것은 아니었던 것 같다.

슬픈 이야기를 코믹하게 적는 데서 글이 완성되는 게 아니다. 반드시 반전이 있어야 한다. 그 반전은 감동의 요소에서 온다. 모든 글에는 감동이 있어야 된다. 읽는 사람의 마음이 움직이게 툭 한 번 쳐줘야 한다. 나는 그 글의 맨 끝에 이렇게 적었다.

"한 달 동안 쏟아지는 궂은 비, 우리 집 천장에서 떨어지는 물방울은 우리 어머니의 눈물이었다."

그 마지막 한 줄이 아마도 심사하는 선생님들의 마음을 툭 쳐서 나를 장원으로 뽑아주지 않았나 생각한다. "우리 집 천장에서 떨어지는 물방울은 우리 어머니의 눈물이었다"라는 이 한 줄이 심사위원들의 마음을 움직였고, 나를 평생 글쟁이로 만들었다. '광주의 눈물'이 한강의 노벨문학상 수상을 있게 했듯이 시대의 눈물, 역사의 아픈 트라우마는 명작을 낳는다.

2장

글쓰기의 시작법, 6하원칙

6하원칙에 대하여

6하원칙은 언론 기자라면 누구나 익혀야 할 기사 작성의 기본 틀이다. '누가, 언제, 어디서, 무엇을, 어떻게, 왜'라는 여섯 가지 요소에서 하나라도 빠지면 기사로서는 결격이다. 이 6하원칙을 잘 지켜야 취재된 사건이나 사실을 명확히 전달할 수 있다.

나는 '6하원칙'이라는 틀을 통해 글쓰기 기술을 익혔다. 6하원칙의 수없는 반복 훈련이 없었더라면 오늘의 나도 없었을 것이다.

언론사의 기자로 채용되면 곧바로 기사 쓰는 훈련을 받게 된다. 그러나 그 훈련시간은 매우 짧다. 대부분 긴 시간을 보내지 않고 거의 초장부터 현장에 투입된다. 6하원칙이라는 뼈대 하나만을 익힌 다음에 현장에 곧바로 투입되는 것이다.

누가, 언제, 어디서, 무엇을, 어떻게, 왜. 이 6하원칙은 간단해 보이지만 결코 쉽지 않다.

많은 기자들은 "가장 쓰기 어려운 기사가 1단짜리 기사다"라고 고백한다. 단 한 줄을 쓰는 것인데 그 한 줄 속에 6하원칙이 다 담겨야 하기 때문이다. 한 줄짜리 1단 기사를 한숨에 타다닥 쓸 수 있으면 민완 기자로서의 반열에 올랐다 할 수 있다.

그런데 기사 작성에서 사용되는 6하원칙을 일반적인 글쓰기에도 적용할 수 있다. 나는 요즘도 매일 '고도원의 아침편지'를 쓰고 있다. 사실 아침편지의 글들은 겉으로만 보자면 기자로서 익혔던 6하원칙과 아무런 상관이 없는 듯하다. 그러나 그 내면을 깊이 들여다보면 오랜 세월 내 몸에 밴 6하원칙의 틀 속에서 피어난 한 송이 작은 꽃봉오리라고 할 수 있다.

어떤 점에서 그러한 것일까? '누구든 글쓰기'를 위한 6하원칙을 하나씩 풀어볼까 한다.

글쓰기의 6하원칙 ①

글은 '누가' 쓰는가

　　기사 작성의 6하원칙에서 '누가'는 취재한 사건의 주인공을 말하지만, 내가 여기서 말하고자 하는 '누가'는 글을 쓰는 '나'다. 글의 중심은 '나'다. 모든 글은 내가 쓰는 것이다. 우주의 중심에 내가 있다. 내가 신(神)이다.

　'나'가 매우 중요하다. 어떤 자리에 있는 나인가. 초등학생과 대학생은 지적 수준도 표현력도 다르다. 같은 대학생도 가슴이 열린 사람인가 닫힌 사람인가, 가슴이 따뜻한 사람인가 차가운 사람인가가 다르다. '나'가 운동선수인지 과학자인지 그 또한 다르다. 같은 운동선수라도 이제 막 운동을 시작한 사람은 챔피언 자리에 오른 사람과 다르다.

나는 지금 어떤 사람인가. 어떤 위치에 서 있는가. 이 나를 파악하는 것이 중요하다. 글은 그 '나'를 드러내고 만들어가는 과정이자 그 결과물이라 할 수 있다. 어떤 면에서 글은 자기 삶을 돌아보는 길이기도 하고, 자기 삶을 완성시키는 길이기도 하다. 그래서 글의 시작은 나를 관찰하는 데 있다. 나를 관찰하고 성찰하는 것, 거기서부터 글쓰기의 훈련은 시작된다.

글은 '나'가 보고 듣고 느낀 점을 쓰는 일이다. 어려워할 것 없다. 당신이 보고 듣고 느끼고 생각한 것을 그대로 쓰라. 그럴싸한 남의 생각과 글 뒤로 숨지 말고, 자기의 생각과 느낌과 견해를 거칠게라도 써보는 연습이 중요하다. 나의 생각과 느낌을 뒷받침해 주는 사례나 정보, 혹은 내가 미처 생각해 보지 못했지만 새로운 발상을 일으킬 만한 소재 등을 덧붙이는 일은 글을 풍성해지게 만드는 방법이기도 하다.

글의 섬세함은 내가 생각하는 것과 느끼는 것의 차이에 있다. 보는 것과 느끼는 것의 차이도 있다. 어제 보고 느끼는 것과 오늘 보고 느끼는 것의 차이도 있다. 신적인 존재라 해도 글 쓰는 사람의 생각이 모두 옳을 수는 없다. 글 쓰는 사람이라 해서 모든 것을 알 수는 없다. 그러나 글 쓰는 사람은 모든 것을 느낄 수 있다.

느낌은 옳고 그름 알고 모름을 뛰어넘는다. 느끼는 일은 자유다. 같은 바람결에서 감미로운 천사의 손길을 느끼거나 악마의 유혹을 느끼는 것은 자유다. 순간순간 수시로 변화하는 그 느낌들은 어떤 식으로든 표현이 가능하다. 변화무쌍한 느낌들은 '나'가 느끼는 대로 메모장에 적어놓아라. 그 메모가 쌓일수록 엄청난 자산이 된다. 적을 때 섬세하고 미세한 표현일수록 풍부한 글의 재료가 된다.

그러나 조심할 점이 있다. '나의 느낌'에 갇혀서는 안 된다. '내가 아는 것'에 함몰되어도 안 된다. 글을 읽는 사람, 곧 독자가 느낄 수 있는 것, 독자가 알고자 하는 것은 놓치지 않도록 해야 한다. 소설가 도널드 윈드햄(Donald Windham)은 이렇게 말했다.

"나는 아는 것을 쓰라는 충고에 동의하지 않는다. 다만 당신이 알 필요가 있는 것에 대해 써라. 그것을 이해하려고 노력하면서 써라."

상상으로 느낀 것도 글이 될 수 있다. 기대와 예측도 상상의 한 축이다. 글이 재미있어지려면 상상으로 느낀 것, 앞으로 일어날 일에 대해서 기대하고 예측하는 표현과 묘사가 독자들을 끌어들일 수 있다.

느낌, 상상, 기대, 예측은 무한대의 영역이다. 글 쓰는 사람의 특권이다. 그 특권을 가장 잘 사용한 장르가 추리소설이다. 앞으로 일어날 일에 대한 상상과 예측과 기대가 추리소설을 더욱 재미있게 만든다.

'누가'에 덧붙여 못지않게 중요한 것이 '누구에게'다. 나는 누구에게 쓰는가? 모든 글에는 반드시 대상이 있다. 이른바 독자다. 독자를 고려하지 않은 글은 효용성이 없다.

모든 글은 반드시 독자를 생각하고 써야 한다. 일기에도 독자가 있다. 자기 자신이다. 일기도 기록이다. 기록은 무섭다. 영원성을 갖는다. 내가 나를 대상으로 기록한 글도 언젠가는 미지의 독자에게 읽히는 글이 될 수 있다. 『안네의 일기』가 그 대표적인 예다.

 따라서 일기를 쓸 때도 미지의 독자를 포함해서 일정한 대상을 염두에 두어야 한다. 그 대상이 공감할 수 있는 글이 될 때 그 글은 생명력을 갖게 된다.

글쓰기의 6하원칙 ②
글은 '언제' 쓰는가

　내가 쓰는 글은 어느 시점의 글인가? 어느 때인가? 이것이 글쓰기에서 두 번째로 중요한 요건이다.

　사계절, 철 따라 쓰는 글은 다르다. 가뭄이 들었을 때 쓰는 글이 다르고 궂은 장마가 길어졌을 때 쓰는 글이 다르다. 이른바 '사회적 공기', 영어로 '폴리티컬 클라이밋(political climate)'이라는 표현을 더러 들어봤을 것이다. 그날 그 시점의 사회적 정서, 정치적 환경, 경제적 여건, 국민적 민심 등을 뜻한다. 이런 것들을 살펴가며 글을 써야 한다는 뜻이다.

　대통령 연설문을 쓸 때 이 점은 필수 사항이다. 이를 놓치거나 간과하면 엉뚱한 연설문이 되어 국민의 마음을 얻지 못한다. 예를 들어 세월호 사건이 발생했을 당시의 사회적 공기는 보통 때와 전혀 달랐다. 월드컵 경기에서 이겼을 때와 졌을 때의 사회적 공기도 다르다. 느닷없는 비상계엄령이나 탄핵이 이루어지는 날의 정치적 환경, 정치적 공기는 평소와 완전히 달라진다.

그래서 글을 쓰고자 하는 사람은 내가 지금 글을 쓰는 시점이 어떤 때인가를 독수리의 시선으로 예리하게 봐야 한다. 가뭄 때인가, 장마 때인가, 온 나라가 분노에 휩싸여 있을 때인가, 기쁨에 넘쳐 있을 때인가. 그것을 면밀히 읽고 파악하는 능력이 글 쓰는 사람에게 요구된다.

'시대를 읽고 파악하는 능력', 그것을 운동선수들은 '찰지력'이라고도 부른다. 찰지력은 뒤통수에 눈을 달고 보는 능력이다. 야구 선수를 예로 들면, 타자가 방망이를 휘둘러 공을 치는 순간, '탁!' 하는 소리를 듣고 공이 떨어질 만한 지점을 향해 질주하면서도 뒤통수에 눈을 달고 보는 외야수와 같다.

글을 쓰는 사람 또한 눈앞에 보이는 사회적 현상을 정면으로 마주하면서도 그 현상을 있게 한 뒷면의 여러 배경들을 잘 이해해야 한다. 글을 쓰는 현재 시점의 사회적 공기, '폴리티컬 클라이밋'을 살피는 찰지력이 필요하다.

이것을 또다른 말로 '시대정신'이라고도 부른다. 그 시대를 제대로 이해해야 그 시점에 맞는 글이 나온다. 그 시대에 맞는 말도 시대정신에서 비롯된다. 한 국가를 이끄는 대통령의 말에도 시대정신이 철두철미하게 잘 반영되어야 좋은 연설이 나올 수 있다. 김대중 대통령의 연설문을 쓸 때, 이재명 대통령의 취임사와 후보 수락 연설문 작성을 도울 때에도 내가 가장 유념했던 부분이다. 대통령의 연설에는 한 가지가 더 요구된다. 이른바 '톤 앤드 매너(tone and manner)'다.

톤은 목소리의 높낮이다. 모든 사람들이 슬퍼하는데 말하는 이의 웃음소리가 커서는 안 된다. 모든 사람들이 웃고 감격에 겨워하는데 말하는 사람 혼자서 울음소리를 내서도 안 된다.

매너는 자세, 태도다. 미소를 지어야 할 때 미소 짓고, 함께 눈물 지어야 할 때 눈물을 흘리는 것이다. 글에는 소리가 없으니 목소리의 높낮이를 분간할 수 없지만 독자들은 '없는 목소리'에서 무음의 소리를 듣는다. 그런 점에서 글을 쓸 때도 톤과 매너를 갖추는 일은 글쓰기의 매우 중요한 요소라고 할 수 있다.

'언제'에는 글 쓰는 사람의 주변 상황과 시대가 포함되지만, 글 쓰는 사람의 내부도 중요하다. 이를테면 우울할 때의 '나'와 유쾌할 때의 '나'가 다르다. 몸이 피곤하고 지쳐 있을 때의 '나'와 훨훨 날아갈 것 같은 컨디션의 '나'가 다르다. 그러므로 글을 쓰고자 하는 사람은 자기의 몸과 마음을 건강하게 관리해야 한다. 내가 매일 스쿼트를 죽어라 열심히 하는 이유도 그 때문이다. 글은 탄탄한 허벅지 근육에서 나온다.

글쓰기의 6하원칙 ③
글은 '어디'에서 쓰는가

'어디에서'는 일차적으로 물리적 공간, 곧 글을 쓰는 장소를 뜻하지만 글 쓰는 사람의 입장과 관점도 포함한다. 물리적 공간은 특별히 제한할 필요가 없다. 글은 어디서든 쓸 수 있기 때문이다.

언론 기사를 예를 들면, 기자는 어디에서든 기사를 쓸 수 있어야 한다. 동해안 산불 현장, 세월호 사건이나 이태원 대참사 현장, 슬픔의 자리, 기쁨의 자리, 절망의 자리에서도 글을 써야 한다. 포탄이 떨어지는 전쟁터에서, 지옥처럼 타오르는 참사 현장이나 아수라장 같은 곳에서도 글을 쓸 수 있어야 한다. 적어도 그 순간만은 몰입해서 10분이면 10분, 1시간이면 1시간, 오로지 기사 작성에 집중할 수 있어야 한다.

시를 쓰고 소설을 쓰는 작가도 마찬가지다. 희망과 절망의 자리, 전쟁과 평화의 자리가 글 쓰는 자리다. 참혹한 전쟁터에서도 포탄 소리들 사이사이에 새 소리, 바람 소리를 들을 수 있어야 글을 쓸 수 있다. 간화선(看話禪)의 창시자인 대혜종고(大慧宗杲) 선사는 "시끄러운 시장통에서도 참선하는 것이 진정한 수행"이라고 말했다. 음미할 만한 말이다. 글을 쓰는 일도 일종의 수행이기 때문이다.

'어디에서'와 관련해 물리적 공간보다 더 중요한 것은 관점이다. 다시 기자 시절을 예로 들어보겠다. 기자 시절 3년 동안 사건기자를 한 적이 있다. 그 시절에는 하루가 멀다 하고 대학교에서 데모가 벌어졌다. 데모 현장을 취재하면서 느낀 것은 내가 '어디에서 취재하고 있느냐', 다시 말해 내가 서 있는 자리에 따라 기사 작성의 관점이 달랐다는 점이다. 학생 쪽에서 취재하다 보면 맨몸의 학생들을 향해 최루탄과 페퍼포그를 쏘아대는 경찰이 야수처럼 보인다. 반대로 경찰 쪽에서 취재하면 느낌이 달라진다. 주먹만 한 돌들이 우박처럼 날아들고 화염병을 날리는 학생 시위대가 마치 폭도처럼 보인다. 내가 서 있는 자리가 어느 자리냐에 따라서 보는 관점이 달라지는 것이다.

서울에 남산이 있다. 이름이 왜 남산(南山)일까? 서울(한양)의 사대문 안에서 봤을 때 남쪽에 있기 때문이다. 그런데 한강 건너편 강남에서 보면 남산이 아니다. 북산(北山)이다. 사대문 안에서 바라보는가, 강남에서 보는가에 따라서 남과 북이 180도 갈린다.

이성계의 위화도 회군도 고려 쪽에서 보면 '역성혁명'이고, 조선

쪽에서 보면 '건국'이다. 이런 예는 역사 속에 무수하다. 그래서 글을 쓰고자 하는 사람은 자신이 선 자리가 어디인가, 어떤 관점에서 바라보는가를 늘 점검해야 한다. 남산을 쓸 때는 동서남북에서 함께 보고 써야 한다. 행여라도 내가 남산을 사대문 쪽에서만 보고 쓰는 것은 아닌지 늘 성찰해야 한다.

글은 균형감각이 반드시 필요하다. 균형감각은 중립(中立)과 중도(中道)의 자리에 섰을 때 갖출 수 있다. 이른바 '가운뎃길'이다. 무엇이 가운뎃길일까? 정가운데가 아니다. 정가운데에서 시시비비를 가리는 일도 중요하지만 그것은 기계적 중립에 머물 뿐, 옳은 의미의 중립, 바른 뜻의 중도가 아니다. 따라서 글 쓰는 사람은 어느 쪽이 이 시대에 합당하고 정당한 길인가, 어느 쪽이 과연 올바른 길을 가는가를 놓고 고뇌해야 한다. 끊임없는 자기점검과 성찰을 통해 자기가 서 있는 위치를 한 칸씩 올바른 방향으로 옮겨 가는 것이 중립이고 중도다. 물론 어려운 이야기다. 하지만 늘 이 부분을 살펴야 한다. 내가 선 자리가 남쪽인지 북쪽인지, 대의에 맞는 것인지 그렇지 않은 것인지, 이 점을 판단하면서 자기의 자리를 정해야 한다.

글을 쓰는 사람의 자리는 '가운뎃길'이다. 정가운데 길에 서서 세상을 보되 그때의 시대정치, 시대의 흐름 속에 한 칸씩 이동해 자기만의 가운뎃길을 찾아야 한다. '아, 시대가 삐뚤어져 있다' '세상이 잘못 가고 있다'고 판단되면 그 반대편 방향으로 옮겨 자신이 옳다고 생각하는 곳으로 글 쓰는 자리를 옮겨가야 한다. 그래야 그 시대에 올바른 방향의 균형감각을 객관적으로 유지할 수 있다.

글쓰기의 6하원칙 ④
'무엇'을 쓸까

　　　　　글은 '사실'을 넘어 '진실'을 쓰는 것이다. 사실을 쓰지만 그 너머의 진실을 좇는다.

　글은 진실의 오리진(origin)을 찾아가는 작업이기도 하다. 진실의 근원, 본성, 뿌리를 찾아가는 것이다. 그 오리진이 오늘의 현실에 어떤 형태로 녹아 있고, 미래에는 어떤 방식으로 적용될 수 있을까를 그려가며 이야기로 풀어내는 작업이다.

　모든 글은 점의 연결이다. 앞에서는 고점, 저점을 이야기했다. 고점과 저점의 마디마디에 녹아 있는 사실이 있다. 그 속에 있는 진실이 무엇인지를 찾아가는 일이 진정한 의미의 오리진을 찾는 방법이다.

쉬운 예를 들어보자. 어떤 경험을 하다가 난생 처음 자기만의 특별한 무엇을 발견해 큰 깨달음을 얻었다고 치자. "이제야 이걸 알았네" 하고 기쁜 나머지 '오리진'을 찾아보지 않고서 글을 쓰면 망신을 사기 쉽다.

'나보다 먼저 발견한 사람은 없을까?' 이는 글 쓰는 사람이면 언제든 숙고해야 할 명제가 아닐 수 없다. 자기가 방금 새로 얻은 깨달음이라 해도, 그 오리진을 찾아보면 이미 오래전 그것을 처음 발견한 사람이 있을 수 있기 때문이다. 그래서 끊임없이 공부해야 한다. 불교에서 말하는 '돈오점수(頓悟漸修)', 즉 어떤 깨달음을 얻었을 때 그에 머물지 말고 계속해서 수행을 해야 한다는 뜻이다.

사실 이것은 남의 이야기가 아닌 나의 이야기이기도 하다. 내 나이 어느덧 칠십을 넘겼다. 이 나이가 되도록 '깊은산속 옹달샘'에서 많은 사람들을 만나고, 명상을 하고, 글을 쓰다 보면 어느 순간 깨달음이 올 때가 있다. "아하! 이 나이가 되어서야 비로소 이것을 발견했구나. 이런 깨달음이 왔구나." 내 안에 놀라움이 생긴다.

그런데 잘 찾아보니 2,000년~3,000년 전에 누군가가 그것을 이미 깨닫고 글로 남겼다는 사실을 알게 된다. 이미 방대한 기록으로 집대성해놓은 것을 칠십이 되도록 나만 몰랐을 뿐이다. '끊임없이 공부해야 한다'는 말이 있는 것은 이 때문이다.

오늘 내가 발견하고 깨달은 게 있다면 오리진이 무엇인지를 찾아야 한다. 그리고 그 근원을 공부하고, 그것이 오늘날 우리 사회에 어떻게 적용되고 있는지를 엄밀히 살펴야 그 시대에 맞는 글을 쓸 수 있다.

여기서 중요한 점은 현실감각과 미래 비전이다. 내가 김대중 대통령의 연설문을 쓰면서 그분으로부터 반복해서 들은 두 가지 화두가 있다. '서생(書生)적 판단'과 '상인적 기질'이다.

서생적 판단은 이상(理想)이다. '꿈, 비전'이라고도 할 수 있고 '상상의 세계'라고도 할 수 있다. 반면 상인적 기질은 우리가 지금 내딛고 서 있는 환경, 조건, 현실이다. 모든 글은 오늘의 현실을 살고 있는 사람의 손끝에서 시작된다. 내가 서 있는 자리, 내가 바라본 것, 내가 발견한 것이 글로 나타난다.

그런데 글 쓰는 이는 현실에만 머물러 있으면 안 된다. 현실을 초월한 서생적 판단이 필요하다. 오늘의 인류가 가고자 하는 미래를 그려내야 한다. '우리는 어떤 방향으로 갈 것인가, 어떤 목표로 갈 것인가'가 현실과 결합될 때 좋은 글이 나올 수 있다.

'무엇을'에는 글의 소재와 주제도 포함된다. 흔히 이야기하는 사랑, 미움, 평화, 전쟁, 자연, 나무…… 그 모든 것이 글의 소재와 주제가 될 수 있다. 하지만 거기에 '나의 생각' '나의 의견' '나의 경험'이 녹아들어야 살아 있는 '나의 글'이 될 수 있다.

사랑이 아무리 좋은 주제라 해도 그 사랑에 대한 나의 경험, 나의 의견, 나의 생각이 없으면 나의 글은 나올 수 없다. '사랑'이라는 주제만 존재할 뿐 '사랑 이야기'는 만들어지지 않는다. '평화에 대한 나의 생각' '자연에 대한 나의 의견' '나무에 대한 나의 경험'…… 이런 것들이 이야기를 만들어낸다. 따라서 내가 생각하고 경험하고 말하고자 하는 것은 무엇이든지 글쓰기의 주제가 될 수 있다.

　독자들이 내가 주제 삼아 쓴 글을 읽은 뒤 기존에 비해 사랑을 하는 방식이 달라지고, 사람을 바라보는 시각과 세상을 보는 관점이 달라졌다면 글 쓰는 목표의 한 부분은 충족된 셈이다. 내 글로 말미암아 읽는 이들이 평화, 자연, 나무에 대한 생각이나 관점이 바뀌고, 그래서 삶을 보다 더 새로운 눈으로 바라보게 되었다면, 참으로 보람된 일이다. 그것이 글의 힘이다.

　세상만사는 늘 변화한다. 삶에도 늘 변화가 뒤따른다. 날씨처럼 변화무쌍한 사회적 상황이 우리의 삶에 변화를 일으킨다. 그 변화에 어떻게 대처하느냐 하는 질문에 대한 답도 글쓰기의 또 하나의 중요한 과정이다.

　변화를 겪고 적은 어느 한 사람의 글은 그 글을 읽는 많은 이들에게 좋은 교과서가 될 수 있다. 시행착오를 줄이고 어떤 형태로든 좋은 변화를 촉발한다. 그렇지 못하면 죽은 글이 된다.

　글은 궁극적으로 사람에게 변화를 주어야 한다. 독자들 각각의 생각과 경험과 삶에 좋은 변화를 안겨주어야 한다. 그러기 위해서는 나의 관점, 나의 생각이 보편성을 띠어야 한다. 객관성을 갖춰야 하고 모두가 공감할 수 있는 설명력과 구체성이 뒤따라야 한다.

글쓰기의 6하원칙 ⑤

글은 '어떻게' 쓰는가

'어떻게'야말로 글쓰기 기술, 글쓰기 훈련의 핵심이다. 어떻게 쓰는 것인지에 대한 훈련과 연습이 절대적으로 필요하다. 문제는 '정답이 없다'는 것이다. 그렇다. 일정한 정답이 없다.

같은 풍경을 놓고 그림을 그려도 어떤 사람은 사진 찍듯 섬세한 수채화로, 어떤 사람은 알쏭달쏭한 추상화로 그려낸다. 전적으로 화가의 몫이다. 같은 건축 공간에 짓는 집도 어떤 사람은 벽돌집으로, 어떤 사람은 목조집으로 짓는다. 전적으로 건축가의 선택이다. 같은 채소를 갖고도 어떤 주방장은 샐러드를, 어떤 주방장은 나물을 만든다. 전적으로 요리하는 주방장의 마음이다.

이것은 글쓰기의 '어떻게'에도 그대로 적용된다. 글 쓰는 사람의 선택에 따라 온갖 형태의 글이 만들어진다. 글솜씨를 처음부터 타고난 사람도 있고, 타고난 재능에 좋은 멘토를 만나 원 포인트 레슨을 받으며 성장한 사람도 있고, 아예 기초부터 벽돌을 한 장 한 장 쌓아올리듯 연마한 사람도 있다.

오늘 이 시간에도 수많은 글들이 쏟아져 나와 활자화되고 있다. 그 가운데 눈길을 끄는 글은 어떤 것일까? 눈길을 끄는 모든 글과 소설, 영화의 핵심은 두말할 것도 없이 '어떤 주제인가'다. 그 주제를 '어떤' 소재와 에피소드로, '어떻게' 풀어가느냐에 따라 성패가 갈린다.

아카데미상을 받은 영화 〈기생충〉은 주제가 '한국의 빈부격차'다. 그리고 '반지하'를 '어떻게'의 소재로 삼아 온갖 에피소드를 펼쳐간다. 에미상을 받은 드라마 〈오징어게임〉은 '경쟁지상주의'가 주제이고 '오징어게임'을 '어떻게'의 소재로 삼았다. 겉보기에는 공정한 듯하지만 불공정과 불평등으로 가득한 우리 사회의 정의롭지 못한 모습을 적나라하게 보여준다.

이런 성공적인 주제와 소재를 찾는 것도 중요하지만 그다음 '어떻게' 써야 하는가 하는 점은 더 중요하다. 글은 '어떻게' 써야 하는가. 첫째, 쉽게 써야 한다. 둘째, 명료하게 써야 한다. 셋째, 빨리 써야 한다. 이 세 가지가 내가 말하고자 하는 '어떻게'의 핵심이다.

그러려면 어떻게 해야 하는가. 글쓰기를 즐겨야 한다. 인생의 산전수전 다 겪으면서도 그것을 즐길 줄 알아야 글쓰기도 즐길 수 있다. 따라서 온갖 세상 구석을 많이 돌아봐야 한다. 여행은 기본이다. 책을 많이 읽어야 한다. 책은 앉은 자리에서 우주여행을 하게 한다. 그러려면 건강해야 한다. 몸이 건강하고 체력이 좋아야 오랜 시간 엉덩이를 붙이고 앉아 책을 읽을 수 있다. 오래 글을 쓸 수 있다. 체력이 약하면 빨리 지치고 피곤해져서 긴 시간 글을 쓸 수 없다. 나는 하루에 900번의 스콧을 하고 있다. 죽을 맛이지만 그래야 글이 잘 써지기 때문에 죽을 둥 살 둥 하고 있다.

그런데 몸만 건강하면 안 된다. 마음이, 정신이 함께 건강해야 한다. 그래서 나는 늘 명상을 한다. 명상은 여러 측면의 효과가 있다. 무엇보다 몸과 마음을 건강하게 하는 수단이다.

글은 손으로 쓴다. 그러나 글의 모든 재료는 발로 얻는다. 발품을 많이 팔아야 한다. 여행도 발품이다. 사람을 만나고 현장을 찾는 일도 발품이다. 모든 것은 현장에 있다.

현장을 본 사람과 그렇지 않은 사람은 표현하는 단어부터가 다르다. 현장을 가보아야 싱싱하고 파릇파릇한 단어들이 튕겨 나온다. 고생이 되더라도 현장을 반드시 찾아가야 하는 이유이다. 진실은 언제나 현장에 있다.

사진 찍기를 연상해 보라. 현장에 가지 않고선 사진이 나올 수 없다. 자기 눈에 카메라가 걸려 있다 생각하고 글쓰기에 필요한 현장이라면 언제든 찾아가 눈으로 사진을 찍어놓아라.

글은 손으로 쓴다 말했지만 가슴으로도 쓴다. 가슴이 뛰어야 한다. 따뜻해야 한다. 활짝 열려 있어야 한다. 그래야 감성이 담긴 글을 쓸 수 있고 읽는 이들의 공감을 얻을 수 있다. 글쓰기는 자신이 살아가는 삶의 여정에서 만나고 헤어지고 스쳐가는 많은 사람들의 아픈 이야기를 열린 가슴으로 듣는 것에서부터 시작된다.

  누군가 아파하는 사람의 음성을 잘 들을 수 있어야 한다. 그 음성을 들으며 나도 아파야 한다. 그보다 더 애달파야 한다. 그의 편이 되어주어야 한다. 그의 어깨에 기대어 함께 울어주고 위로자가 되어야 한다. 그러고 나서 글이 나와야 한다. 그것을 독자가 읽어낸다. 가슴에서 시작된 글을 가슴으로 읽어주는 것이다.

글쓰기의 6하원칙 ⑥
글은 '왜' 쓰는가

'글은 왜 쓰는가'. 이 질문은 '왜 사는가'라는 물음과도 통한다. '왜 노래하는가' '왜 밥을 먹는가' '왜 춤을 추는가'와 같은 이야기일 수도 있다. 저마다 만 가지 이유가 있을 것이다.

짐승과 달리 사람은 글을 쓰는 존재다. 글은 문자가 있어야 쓸 수 있다. 문자는 사람이 만들었다. 문자를 만들어냄으로써 사람은 신(神)이 됐다는 말도 그래서 나왔다. 유발 하라리도 『호모데우스』에서 이렇게 썼다.

"오천 년 전에 수메르인들이 문자와 돈을 만들고 나서 신 파라오가 됐다."

인간이 문자를 만듦으로써 동물의 껍질을 벗고 새로운 신의 영역에까지 올라섰다는 뜻이다. 달리 말하면 문자를 사용해 글을 쓰는 사람은 이내 신이 되어 신의 역할을 하고 있다고 볼 수 있다. 신이 곧 창조주라면 글도 곧 창조 작업의 하나이기 때문이다. 글로 기록함으로써 기억을 저장하고, 이야기를 만들어내고 인간만의 위대한 문명을 창조해 냈다.

글 쓰는 사람에게는 분명한 목표의식과 동기, 특별한 이유가 있다. 그것이 절실할수록 좋은 글이 나온다. 사람의 마음을 움직일 수 있는 글이 나온다. 그런 글은 이유 없이 그냥 쓰는 글이 아니라 '왜'라는 질문에 대한 답이기도 하다.

왜 쓰는가의 '왜'는 엄청난 얘기가 아니다. 우리의 일상생활 속에서 손쉽게 묻어나오는 질문들, 이를테면 '왜 밥을 먹는가' '왜 노래를 하는가' '왜 커피를 마시는가' 같은 것들이다. 그 숱한 질문들을 생각하면 답도 쉽게 얻을 수 있다.

자신만이 갖고 있는 답과 생각과 감정들은 그 자체로 유일하며, 우주적 주제와 소재가 될 수 있다. 글을 쓰려면 그 '왜'라고 하는 부분에 방점을 찍어야 한다.

나의 글쓰기 목표는 위로와 치유에 있다. 내가 쓴 글을 통해 사람의 마음을 달래고 위로하고 기운을 돋우는 것이다. 슬픈 사람에게도 도움이 되고 기쁜 사람에게도 도움이 되고 절망한 사람에게도 도움이 되는, 위로와 치유의 글을 쓰고자 노력한다.

이 책을 읽고 있는 독자 여러분도 '나는 이 글을 어떤 목적으로 쓰는가' '어떤 동기로 글을 쓰게 됐는가' 이런 질문을 마음에 품으면 좋겠다. 그런 마음으로 글을 쓴다면 첫 줄을 써나가는 일부터가 훨씬 쉬워질 것이다.

'당신은 왜 글을 쓰고자 하십니까? 어떤 동기에서 시작됐나요?' 그 답을 찾는 일에서부터 글쓰기는 시작된다.

나는 글을 '왜' 쓰는가

　나는 평생 글을 썼다. 고로 평생 신의 작업을 대행했다고 할 수 있다. 나는 초등학교 때부터 학교 기자 생활을 했고 작가, 시인, 대통령 연설비서관을 거쳤으며 '고도원의 아침편지'를 24년 넘게 쓰고 있다. 내 삶을 돌이켜보면 왜 글을 쓰게 됐는지 가물가물하지만, 지금 와서 그것을 되돌아보면 여러 가지 '우연'과 '필연'들이 겹쳐 있다.
　나는 왜 글을 쓰게 됐을까. 앞에서도 잠깐 언급했지만 "비싼 왕자표 크레파스를 살 수 없어서 글을 쓰게 됐다"고 말할 수 있다. 무슨 얘긴가. 초등학교 시절 나는 그림을 잘 그리는 아이로 유명했다. 손이 빨랐고 데생과 구도, 그런 것들을 잡아내는 감각이 좋았다. 그런데 사생대회에 나갈 때마다 입상을 하지 못했다. 상처가 컸다.

내가 가진 것은 '쓱쓱 잘 그려지는' 크레파스가 아니라 '빽빽 긁기는' 값싼 크레파스였다. 그때 가장 부러웠던 친구가 52색짜리 '왕자표 크레파스'를 가진 친구였다. 부잣집 아들이나 가질 수 있는 고급 제품이었다. 그 크레파스를 가질 수 없었던 나는 '크레파스가 아닌 어떤 것으로 내 마음을 표현할 수 있을까?' 이런 생각을 하게 됐다.

그래서 맨몸으로 할 수 있는 노래에 관심을 갖게 됐다. 타고난 목청이 좋아 노래를 곧잘 불렀다. 노래를 즐겨 부르다 보니 악기가 필요했다. 피아노를 갖고 싶었다. 하지만 우리 집은 그런 여력이 없었다. 가장 값싸게 구할 수 있는 악기가 하모니카였다.

그러나 그마저도 끝내 갖지 못했다. 엄마에게 "나 하모니카 하나……"까지는 말을 꺼냈지만 "…… 사주세요"라는 말은 결국 하지 못했다. 하루는 어느 동네 형 집에 놀러 갔는데 하모니카가 있었다. 너무 부러웠다. 어느 날 그것을 몰래 스윽 훔쳤다. 훔쳐 오긴 했는데 집에서 불 수가 없었다. 하모니카를 부는 순간 그 소리에 훔쳐온 사실이 들통나버리기 때문이었다.

기껏 훔쳐는 왔지만 며칠 동안 불지도 못하고 있었는데 그 형이 내 눈치를 살피더니 넌지시 말했다. "도원아, 좀 불어봤어? 몇 번 불었으면 다시 가지고 와." 이렇게 말해 주는 바람에 내 마음이 편안해졌다. 훔쳤던 하모니카를 되돌려준 뒤, 하모니카 불 생각은 두 번 다시 하지 않게 됐다. 그림도, 음악도, 나의 꿈에서 멀어질 수밖에 없었다.

그런데 글은 어떤가. 연필 하나면 된다. 몽당연필 하나만 있으면 글을 쓸 수 있다. 크레파스가 없어도, 하모니카가 없어도 자기의 이야기, 자기의 기억을 저장할 수 있다. 창조주 신이 될 수 있다. 파라오가 될 수 있는 것이다.

내가 글을 쓰게 된 특별한 계기가 있었다. 그림 사생대회 나갔을 땐 한 번도 입상하지 못했는데 백일장 대회에 나가서는 장원이 됐다. 하룻밤에 나는 글을 잘 쓰는 아이가 됐다.

그러다가 내가 더 본격적으로 글을 쓰기 시작한 계기는 첫사랑 덕분이었다. 초등학교 6학년부터 시작된 첫사랑은 나만의 '짝사랑'이었다. 그 짝사랑은 고등학교 2학년까지 무려 6년 동안 열병처럼 이어졌다. 아버지가 새로운 교회로 부임하게 됐는데 이사 후 첫 주일에 한 소녀가 내 눈앞에 나타났다. 나보다 두 살 어린 초등학교 4학년생 소녀였다. 천사가 나타난 듯했다. 형용할 수 없을 만큼 예쁘고 아름다웠다. 그 소녀에게 편지를 쓰기 시작했다. 거의 매일, '사랑의 편지'를 썼다.

지금도 기억이 새롭다. 그 소녀의 첫날 모습이다. 영원히 지워지지 않는 그 첫날의 모습은 오늘의 내 삶에도 지대한 영향을 미쳤다. 나는 지금도 생머리 여성을 좋아한다. 그 소녀가 생머리였기 때문이다. 나는 지금도 손목이 가는 여성을 좋아한다. 그 소녀의 손목이 가늘었기 때문이다. 가끔 아내에게 농담으로 내가 손목 가는 여자를 좋아한다고 말한다. 내 아내도 손목이 가늘다. 그런데 나중에 알았다. 아내는 손목만 가늘고 팔뚝과 어깨 쪽은 아주 튼실하다.

나는 보라색을 좋아한다. 그 소녀가 처음 나타났을 때 입은 스웨터가 보라색이었기 때문이다. 생머리에. 손목이 가늘고, 보라색 스웨터를 입은 소녀를 짝사랑하면서 밤새 몸살을 앓듯 편지를 쓰기 시작했다. 몰래 썼다, 아무도 없는 자리에서 틈틈이 썼다, 고등학교 2학년 때까지. 지독한 몰입이었다.

소녀에게 보내는 편지를 계속해서 쓰다 보니 나중에는 재료가 고갈됐다. 매일 매일 새롭게 쓸 말이 필요했다. 그때 읽기 시작한 것이 셰익스피어의 『소네트』였다. 그리고 셰익스피어의 다른 작품들을 읽기 시작했다. 거기에서 좋은 문장들을 따와 단어를 바꾸고 문장을 바꾸었다. '아, 이럴 때 이런 표현으로 자기의 사랑, 마음을 표현하는구나.' 사랑을 하면 어린 나이에도 셰익스피어의 서사를 쉽게 이해할 수 있다. 절절히 공감되는 문장이 수두룩했다.

'아침에 동쪽에서 해 뜨는 것을 의심하고 서쪽으로 지는 것을 의심해도 내 사랑만은 의심 마오.' 오글거리는 셰익스피어의 『소네트』는 내 진실한 마음을 대변해 주었다. 편지 쓰기가 쉬워졌다. '그대가 나를 절름발이라고 부르면, 나는 더 절어 보이리라. 그대의 말에 저항하지 않고.' '그대가 원한다면 그대가 가는 길을 다시 가지 않으리라. 그대의 이름을 다시 부르지 않으리라. 그대의 이름에 누가 되지 않도록.' 이런 글귀에 감정이 이입되면서 그 문장에 내 마음을 실어 편지를 쓰기 시작했다. 그 6년 동안 연애편지, 사랑의 편지를 썼던 것이 어쩌면 '고도원의 아침편지'로 이어진 것인지도 모른다.

그로부터 나는 학교의 모든 글 쓰는 일에 관여하기 시작했다. 학교 교지, 학교 신문에도 예외 없이 참여했다. 그래서 교지 편집장이 되고, 대학신문 편집국장이 되고, 신문과 잡지의 기자가 되고, 대통령 연설비서관이 됐다. 6년 동안 짝사랑하던 소녀에게 연애편지를 썼던 일이 나를 글쟁이로 훈련시키는 가장 좋은 도구가 됐다.

글 쓰는 과정에서 선배들로부터 혼쭐이 나기도 하고 좋은 멘토들에게 배우기도 했다. 그러면서 글공부를 열심히 했다. 그 글공부의 첫째는 책읽기, 곧 독서였고, 둘째는 글쓰기의 반복이었고, 셋째는 글을 쓰는 환경에 적극적인 참여였다.

글 쓰는 환경을 만드는 가장 쉬운 방법은 학교 문예반에서 활동하거나 학생 기자로 활동하는 것이다. 연세대학교에 들어갔는데, 입학하자마자 맨 처음 가고자 했던 곳이 《연세춘추》라는 대학신문이었다. 중고등학교 때부터 교지도 만들고 신문도 만들었기 때문에 '대학에 들어가면 맨 먼저 대학신문 기자를 지원해야지' 하는 마음이 있었다.

1학년 1학기 때 지원하고 떨어졌다. 경쟁률이 셌다. 2학기 때 또 도전했다. 또 떨어졌다. 더 이상 기회가 없었다. 그런데 행운이 왔다. 대학교 2학년이 됐을 때, 1학년생 대상 기자를 뽑던 대학신문 정책이 2학년 학생들 중에서 뽑는 것으로 바뀌었다. 지원 자격도 바뀌어 B학점 이상인 학생들에게만 주어졌다.

다행히 나는 당시 우등장학생이었다. 그 덕에 《연세춘추》 기자가 됐다. 펄펄 날았다. 얼마나 기분이 좋았던지. 학교생활이 정말 재밌었다. 그렇게 해서 대학교 2학년부터 4학년 1학기까지, 2년 반 동안 《연세춘추》 기자 생활을 했다. 그 시절에 누군가 나에게 "왜 글을 쓰는가?"라고 물었다면 나는 이렇게 답했을지도 모른다. "장학금도 받고, 재미있으니까."

그런 연유로 시작된 나의 글쓰기가 마침내 내 삶의 운명을 바꾸는 일로 둔갑했다. 글은 때때로 한 사람의 인생을 통째로 뒤바꾼다.《연세춘추》에 '십계명'이라는 기명 칼럼을 쓰게 됐다. 의분에 넘치는 대학생 기자가 그 엄혹한 유신 시절에 자기 이름을 건 칼럼을 연재하기 시작했다. 헌법의 'ㅎ' 자만 활자화해도 사형선고를 내리고 실제로 집행하던 시절이었다.

왜 그 칼럼을 시작했는가. 재미 때문이 아니었다. 장학금 때문이 아니었다. 의분 때문이었다. 당시의 시대 상황은 엄중했다. 대학생 기자의 눈으로, 그 팔팔한 청년의 비판적 시각으로 세상을 바라보며 내게는 나름 할 말이 있었다. "이건 아니다"라고.

그러나 한편으로는 무섭고 두려웠다. 그래서 직설적 화법보다 은유와 비유와 풍자가 섞인, 이른바 '문화적인 필법'으로 칼럼을 쓰기 시작했다. 직설적으로 대들면 당장 문제가 될 테니 완곡한 표현으로 글을 썼다. 그 완곡한 표현 속에 나의 목소리, 나의 생각을 담았다.

그러나 그마저도 결국엔 꼬투리가 잡혔다. 당시에 보들레르의 『악의 꽃』이라는 시집이 나왔다. 그 시대를 너무도 잘 형상화하는 것 같아 나는 '악의 꽃'이라는 말을 사용해 '십계명' 칼럼을 썼다.

그 글을 쓰고 나서 여러 고초를 겪었다. 그때 가장 무서운 법이 긴급조치 9호였다. 그 긴급조치 9호로 제적이 됐다. 당시 786명이 집단제적을 당했고, 나도 그중 한 사람이었다. 내 인생이 완전히 '쫑'난 것이다. 그 이후 겪은 온갖 고초는 생략하겠다. 그러나 한 가지, 나에게 주어진 큰 소득은 그때 겪었던 고통과 고난의 시간이 내겐 평생 글쓰기의 좋은 재료가 됐다는 점이다.

나는 독서에 더 몰입하게 됐다. 제적생인 나는 책을 읽는 것밖에 할 일이 없었다. 수배자가 되고, 붙잡히고, 강제징집당하는 과정에서 나의 변치 않는 친구는 오직 책이었다. 군대 3년, 너무도 험악한 곳에서 졸병 생활을 하는 중에도 내 손에는 언제나 책이 들려 있었다. 강제징집을 마치고 사회에 나왔는데 어느 곳에서도 이력서를 받아주지 않았다. 매일매일이 절망이고, 좌절이고, 울분이었다. 그 절망의 거리를 거의 10년을 걸었다. 그때에도 나에게 유일한 위안은 독서였다. 남산 도서관에서 책을 읽으면 빨려들 듯이 내 가슴에 박혔다.

그러다가 《뿌리깊은나무》라는 잡지의 기자가 됐다. 신문기자를 꿈꾸고 작가를 꿈꾸던 내가 잡지기자가 된 것이다. 돌아가신 한창기 사장께서 졸업장도 없는 나를 기자로 채용해 주셨다. 정말 고마웠다. '아니 이렇게 행복한데 돈까지 주네' 하는 마음으로 열심히 일했다.

나는 가장 부지런한 기자였다. 내가 맨 처음 《뿌리깊은나무》에서 쓴 기사가 〈생리대 쓰레기〉다. 당시에 회자됐던 글이다. 왜 그 글을 썼는가. 다른 기자들이 한결같이 쓰기를 꺼려해서였다. 내가 막내둥이 기자였기 때문에 썼다. 글은 그런 것이다. 좋은 아이템은 자기에게 순서가 돌아오지 않을 수도 있다. 김형윤 당시 편집장이 아이템으로 제시했지만 모든 기자들이 기피하는 그 〈생리대 쓰레기〉라는 주제를 놓고, 나는 혼을 담아 열심히 취재해 장문의 기사로 완성했다.

반향이 뜨거웠다. 그 연장선에서 여러 글을 썼다. 주로 르포 기사였다. 기억나는 기사는 〈제적학생 786명의 지난 여섯 해〉라는 르포다. 장문의 길고 처절한, 상세하고 생생한 르포였다. 나처럼 학교에서 제적을 당하고 같은 고난을 겪었던 전국 대학생들을 한 사람 한 사람 일일이 만나 그들이 보낸 6년을 추적해 썼다.

왜 그 글을 썼는가. 그 글을 가장 잘 쓸 수 있는 사람이 나였기 때문이다. 내가 제적을 당했기 때문에, 제적당한 친구들과 그런저런 인연으로 교분이 있었기 때문에, 그들과 같은 눈으로 세상을 봤기 때문에, 그것을 가장 잘 쓸 수 있는 사람은 나밖에 없다고 생각했다.

'왜' 글을 쓰는가. 나의 글쓰기 삶을 돌이켜보면 이렇게 요약할 수 있다. "크레파스가 없어서" "몽당연필이면 되니까" "누군가를 짝사랑하기 때문에" 그리고 "장학금을 받아야 했기 때문에" 또 "의분 때문에"라고. 제적이 돼서 이력서를 받아주지 않는 사회에서 헤매다가 "나에게 기회가 주어졌기 때문에" "다른 사람들이 싫어하는 것을 내가 할 수밖에 없었기 때문에" "세상에서 내가 가장 잘 쓸 수 있는 소재이기 때문에"라고. 이 모두는 '왜 글을 쓰는가?'에 대한 나의 답이기도 하다.

3장

마음을 사로잡는 글쓰기 기술

틀을 만들어라, 그리고 틀을 깨라

글을 읽거나 쓰다 보면 신비롭고도 성스러운 체험을 하게 된다. 마치 세상의 모든 것을 알고 이해하는 현자, 무한의 영원성을 노래하는 시인이 된 듯한 착각도 한다. 그런 착각 속에 빠져 있을 때면 이미 오래전 이 길을 걸으며 글을 남긴 시인들의 노래, 위대한 지성의 글, 선지자들의 예언서가 있음을 발견하고 놀라운 신비감을 맛보기도 한다.

말은 바람처럼 날아가지만 글은 기록으로 남는다. 영원히 남는다. 글에는 엄정함이 있다. 막중한 책임감이 뒤따른다. 이 엄정함, 책임감이라는 특수성 때문에 글은 요지부동의 틀을 필요로 한다. 6하 원칙, 플롯, 기승전결 등의 구조를 갖춰야 한다.

평생 지리산 자락을 벗어나지 못한 산골 할머니도 이야기를 잘할 수 있다. 입담 좋은 할머니의 이야기는 더없이 재미있게 들린다. 하지만 글이 되지는 못한다. 틀이 없기 때문이다.

어느 곳, 어느 시대나 훌륭한 이야기꾼이 있다. 그러나 그 이야기꾼은 작가나 소설가가 될 수 없다. 이야기가 곧 글이나 소설이 될 수는 없기 때문이다. 이야기는 플롯, 틀 속에 넣어야 비로소 글과 소설이 될 수 있다.

보르헤스는 이런 재미있는 표현을 했다.

"예술은 불과 수학의 결합이다."

글도 마찬가지다. 불과 수학의 결합이다. 불은 한번 붙으면 어디로 번질지 모른다. 자유자재로, 바람이 부는 대로 번지고 퍼진다. 무궁한 상상의 나래를 펼친다. 불은 다른 말로 표현하면 경험, 재료, 열정이다. 고생한 경험, 행복했던 경험, 인생의 고점과 저점이다. 그러나 불만으로는 글이 안 된다. 수학이 필요하다. 일정한 틀, 정교한 공식이다. 보이지 않는 탄탄한 설계도가 요구된다.

이 틀이 없으면 이야기는 중구난방 흩어진다. 설계되지 않은 글은 중언부언만 할 뿐, 낙서나 잡담, 수다가 되기 쉽다. 불과 수학이 잘 결합될 때 좋은 글이 되고, 읽는 사람이 공감한다.

틀에는 여러 가지가 있다. 유명한 아리스토텔레스의 삼단논법, 곧 서론, 본론, 결론은 변하지 않는 만고의 틀이다. 이는 논리학의 기본이자, 글에 논리적 모순이 없도록 하기 위한 최소한의 기본틀이다.

6하원칙은 기자들의 틀이다. 언론기사, 보도문을 쓸 때 여섯 가지 원칙 중 하나라도 빠지면 보도문이나 기사로서의 자격을 잃는다.

기승전결은 소설의 틀이다. 이야기, 줄거리, 서사가 있는 모든 글의 기본틀이다. 논설이나 주장이 담긴 글도 이 틀을 이용하면 설득력이 커진다. 소설의 경우 발단, 전개, 복선 같은 요소가 더해지면서 이야기에 불꽃이 일게 된다.

현상, 진단, 해법은 칼럼의 틀이다. 정교한 논리와 분석과 주장으로 사람들의 공감을 불러일으켜야 하는 글이 칼럼이다. 여기에도 보이지 않는 견고한 틀이 버티고 있다. 그 틀을 잘 지켜야 좋은 칼럼을 쓸 수 있다.

글을 쓰고자 하는 사람은 자기만의 틀이 있어야 한다. 글에 자기만의 질서를 부여하는 것이다. 내 느낌과 감각, 생각에 질서를 부여하면 읽는 사람이 더욱 쉽게 느끼고 생각하게 도와줄 수 있다. 더 확실하게 느끼고 더 분명하게 사고할 수 있도록 돕는 것이다. 보이는 것에 머물지 않고 보이지 않는 것조차도 읽어낼 수 있도록 해야 한다.

고정된 틀에서 새로운 틀로

틀은 매우 중요하지만 여기서도 한걸음 더 나아가야 한다. 고정된 틀에서 벗어나 새로운 틀을 만들어야 한다. 같은 사람이 쓰는 글이라 해도 똑같은 글은 없다. 고정된 질서, 고정된 틀에 갇혀 있으면 새로운 것을 보지 못한다. 고정관념의 틀을 깨고 질서 밖으로 튕겨 나가야 새로운 글을 쓸 수 있다. 글쟁이는 그 일을 하는 사람들이다. 피 말리는 고통을 감수하면서.

북유럽 여행을 하면서 바이킹의 역사를 잠시 들여다보게 됐다. 바이킹은 바닷가에 사는 사람들이다. 바닷가 돌밭, 자갈땅은 거칠고 척박하다. 춥다. 극한의 상황이다. 쟁기질을 할 수 있는 땅이 없다. 그래서 바다로 나간 것이다. 바다는 편안한 곳이 아니다. 위험천만한 곳이다. 고요하다가도 태풍이 불고 풍랑이 거세게 인다. 목숨을 걸어야 한다.

바이킹의 역사는 그들이 온갖 위험을 감수하고 바다로 나갔을 때부터 비로소 쓰여지기 시작했다. 오늘날의 무역, 주식회사, 자본주의, 금융, 패션, 디자인은 그런 극한의 환경을 극복하려는 과정에서 나왔다. 바닷가에 사는 사람들이 망망대해 바다 세상으로 뛰어들어 위험과 고통을 감수하고서 나온 결실들이다.

고통을 감수할 때 새로운 틀이 만들어진다. 고통을 감수하는 과정에서 신을 만나고, 신이 준 영감을 만난다. 그것들이 손끝에 달라붙어 이전에 없었던 기상천외한 글로 표현되는 것이다. 지구 종말에 대한 공포와 두려움도 공포가 아닌 예지와 통찰의 종교적, 철학적 이야기로 바뀐다. 신화나 전설은 그렇게 탄생된다. 새로운 의미와 가치가 창조되는 것이다. 거기에는 반드시 불과 수학의 질서가 엄존한다.

재미있는 일화가 있다. 현 영국의 맘즈버리 수도원에 에일머(Eilmer)라는 수도사가 있었다. 그는 자유로운 영혼의 상상가였다.

사람도 날개만 있으면 새처럼 하늘을 날 수 있지 않을까 상상했다. 상상만으로 그는 실행에 옮겼다. 자신의 손과 발에 새처럼 깃털을 붙이고 탑 꼭대기에서 몸을 날렸다. 당연히 실패했다. 평생 절름발이가 됐다.

사람이 새처럼 날 수 있다고 생각하는 것은 대단한 상상력이다. 멋진 일이다. 상상에 머물지 않고 직접 몸을 날려 한 실험도 대단한 도전이고 모험이다. 그러나 그에게는 수학이 없었다. 보편적 과학 원리와 질서를 몰랐던 것이다. 그래서 그는 평생 절름발이로 살아야 했다. 글도 수학이 없으면 절름발이 글이 된다.

그러나 놀라운 점은 그의 상상과 도전이 훗날 또다른 누군가에게 영감을 주었다는 사실이다. 바로 레오나르도 다빈치다. 그도 똑같이 하늘을 나는 상상을 했다. 그는 실험을 하기 전에 모형을 먼저 만들었다. 수학이었다. 계산하고 따져서 디자인과 밑그림부터 그렸던 것이다. 밑그림, 질서, 과학, 이것이 없으면 절름발이가 된다. 현실감 없는 죽은 글이 된다.

자기만의 독창적인 글을 쓰려면 틀을 깨야 한다. 그러려면 자기 독창성에 대한 신념과 확신이 있어야 한다. 새로운 꿈이 필요하다. 하늘을 날고 싶은 꿈이 있어야 언젠가 실제로 하늘을 날 수 있다. 틀을 존중하는 가운데에서 나온 독창성, 틀을 깨고 그 틀을 깬 것에 대한 독창적 이야기, 그것이 글의 생명이다. '고도원의 아침편지'도 '틀'을 깬 나만의 독창적 글이다.

예술의 생명력은 독창성에 있다. 백남준이 세계적인 작가가 될 수 있었던 이유는 전통 예술의 경계를 넘어서려는 혁신적이고 실험적인 플럭서스(fluxus) 운동 때문이다. 권위적인 기존의 틀을 깼기 때문이다. 기존의 질서를 부수고 새로운 작품을 창조한 것이다.

글쟁이는 틀을 깨야 한다. 자기만의 색깔, 자기만의 틀을 만들어야 한다. 창조적 틀이 창조적 글을 창조할 수 있다.

글에도 양념이 필요하다

불과 수학의 결합에 더해 글쓰기에 필요한 요소가 한 가지 더 있다. '양념'이다. 은유, 디테일, 구체성, 실감 나는 대화, 예화. 이런 양념들이 불과 수학에 합해졌을 때 재미있게 읽히는 글이 된다.

글에 맛을 내는 양념의 하나가 수사법이다. 아리스토텔레스부터 공자에 이르기까지 그들의 글과 말에는 어김없이 보이지 않는 수사법이 깃들어 있다. 여러 수사법 중 과장과 은유에 대해 먼저 살펴보자.

상황을 강조, 감정을 극대화

현란한 수사법을 구사한 셰익스피어는 과장에 있어서도 대가였다. 중국의 두보(杜甫), 이백(李白), 도연명(陶淵明) 등도 과장법을 사용했다.『성경』에 나오는 "하루가 천 년 같고 천 년이 하루 같다"(「베드로후서」 3:8)라는 말에도 과장법이 쓰였다.

그들보다 더 어마어마한 과장법을 쓴 사람이 붓다다. 그는 '겁(劫)'을 이야기했다. 1,000년에 한 방울씩 떨어지는 물방울이 거대한 바위에 구멍을 내는 데 걸리는 시간, 혹은 100년에 한 번씩 내려오는 선녀의 치맛자락에 쓸려 반경 1,000킬로미터 크기의 바위가 닳아 없어지는 것이 한 '겁'이다.

시간의 무한성과 영원성을 이야기하는 이 거대한 과장법은 예수에게서 극대화된다. 예수는 영원을 넘어 부활과 재림을 말한다. 인간 존재의 유한성과 일반 상식의 영역을 뛰어넘는다. 종교적인 믿음의 영역에서만 가능하다.

붓다나 예수뿐만 아니라 우리도 연애할 때면 과장법을 사용한다. "나의 사랑은 영원하다" "죽어서도 너를 사랑하겠다"라고.

그런 과장법은 글쓰기에도 필요하다. 특정 상황이나 감정을 강조하거나 극대화하는 데 효과적이기 때문이다. 박경리의『토지』를 읽다 보면 이런 과장법이 소설 전편에 깔려 있다. 주인공 서희의 집념과 강인한 성격이 곳곳에서 과장되게 표현되어 있고, 그것이 그녀가 처한 어려운 상황을 독자로 하여금 더욱 절절하게 다가갈 수 있도록 돕는 역할을 한다.

황석영의『장길산』에서도 과장법이 춤을 춘다. 주인공 장길산은 중하층 민중을 위해 종횡무진 싸우는 '영웅'으로 그려져 있다. 그의 힘과 기술과 의지는 인간 이상의 것으로 과장되어 묘사된다. 작가는 장길산을 영웅적 인물로 그려냄으로써, 그가 상징하는 저항 정신을 강조하는 효과를 거둔다.

최인훈의 『광장』에서도 주인공 이영준의 이념 갈등과 내적 고뇌가 과장되게 그려진다. 너무도 극단적으로 묘사되는 이영준의 갈등과 고민은 그의 모순된 심리를 더욱 부각시켜준다. 당시 사회의 정치적 혼란상과 압박감을 강조하는 효과를 안겨준다.

김유정의 『봄봄』은 유쾌한 과장법으로 독자들에게 웃음을 선사한다. 주인공이 장인과 씨름하는 장면을 읽다 보면 웃음이 절로 난다. 소박한 생활 속에서 벌어지는 갈등이 과장되고 재치 있게 묘사되어, 농촌 생활의 고단함을 푸는 동시에 웃음을 안겨준다.

쉽게 그리고 상상하다

글에 설득력을 더해주는 수사가 직유와 은유다. 작가는 이 직유와 은유를 잘 사용해야 한다. 특히 은유를 더 잘 활용할 줄 알아야 한다. 은유가 있어야 다른 사람이 쉽게 이미지를 그려내고 자기 나름의 판단과 상상을 할 수 있게 된다.

인지언어학자 조지 레이코프(George Lakoff)와 철학자 마크 존슨(Mark Johnson)은 저서 『삶으로서의 은유』에서, "은유는 언어의 장식이 아니라 인간의 사고방식 자체"라고 말하기도 했다.

'값이 뛰어올랐다' '너는 나의 천사다' '나에게 너의 미소는 봄햇살이다' 모두 은유다. 간접적인 비유이지만 직접 단정적으로 표현함으로써 독자가 그 의미를 스스로 유추할 수 있게 만든다.

은유에 비해 직유는 훨씬 더 쉽게 이미지가 그려진다. '내 마음이 바다처럼 가라앉았다' '시간이 물처럼 흘렀다' '젊음이 쏜살같이 흘렀다' 모두 직유다. 그 직유를 해석하는 데는 0.1초도 걸리지 않는다. 자연스럽게 읽힌다. 그러나 작가는 조심해야 한다. 아끼고 아껴서, 적절히 사용해야 한다는 뜻이다.

추상적인 개념에 선명한 그림을 그려주고, 흩뿌려진 감정을 구체적이고 생동감 있게 전달하는 데 필수로 요구되는 방법이 은유다. 책 제목에서부터 이를 잘 활용하는 경우가 많다.

예를 들어 이청준의 『당신들의 천국』에서 '천국'은 문자 그대로의 '하늘나라'가 아니다. 우리가 꿈꾸는 이상적 사회와 인간이 도달할 수 있는 온전한 상태를 의미한다. 이런 상태에 이르고자 하는 인물들의 노력과 갈등 등을 통해 이상과 현실의 간극에서 꿈틀대며 사는 우리 모두의 삶을 은유적으로 표현한 것이다.

김훈이 쓴 『칼의 노래』에서의 '칼'도 단순한 무기가 아니다. 성웅 이순신의 신념과 사명감, 내면의 고뇌와 갈등을 상징하는 은유다.

한국 사람이면 누구나 잘 아는 황순원의 『소나기』에서 '소나기' 또한 일반적인 뜻의 '비'가 아니다. 어린 주인공들의 풋풋하고 순수한 사랑을 상징한다. 짧고 강렬하게 쏟아지다가 이내 멈추고 사라지는 소나기는 그들의 애달프고 덧없는 사랑을 은유적으로 표현하며 독자들의 감정이 빨려들게 만든다.

한강이 쓴 『채식주의자』에서의 '채식주의' 역시 단순한 식습관의 변화를 일컫는 표현이 아니다. 여기에서의 채식주의는 가정폭력과 억압된 내면에서 벗어나려는 처절한 시도를 은유적으로 나타내는 표현이다. 내면의 갈등과 치유에 대한 갈망을 상징하는 것이다.

언어의 저장고를 가득가득 채워가라

글을 쓸 때 "표현을 잘 못하겠다"라고 말하는 사람들이 의외로 많다. 표현을 잘 못하겠다는 말에는 여러 의미가 있을 수 있다. 표현을 정확하게 하지 못하겠다는 뜻도 되고, 쓸 수 있는 단어가 부족하다는 고백일 수도 있다.

그림을 그리는 상황에 비유하자면 갖고 있는 색연필이 부족하다는 뜻이다. 다양한 색이 없으면 그림은 단조로울 수밖에 없다. 50색짜리 크레파스로 그린 그림과 12색짜리 크레파스로 그린 그림은 비교조차 할 수 없다. 그린 이의 솜씨가 아무리 좋다 해도 거기에는 한계가 있기 마련이다.

글 쓰는 사람에게 색연필은 단어다. 어휘다. 어휘와 단어가 많을

수록 글의 색깔이 풍부해지고 화려해지고 정확해진다.

지금은 SNS 시대다. 카톡 등 메신저가 의사소통의 주류를 이루고 있다. 인공지능(AI) 챗GPT가 등장했다. 이전과는 전혀 다른 세상이 펼쳐지고 있다. SNS와 AI는 21세기 우리 인류의 삶에서 필수적인 도구가 됐다.

이제는 어쩔 수 없이 이 바다에서 놀아야 되는 세상이 됐다. 장점도 있다. 속도감 있게 의사를 전달하고 대화하기도 편하다. 압축된 작은 글귀 하나로 자기를 드러내고 소통할 수 있다.

그런데 치명적인 문제는 다양한 '색연필'이 사라지고 있다는 사실이다. 생각과 사유의 원천이자 글의 재료인 단어와 어휘를 잃어가고 있다. 각 사람의 표현력을 급격히 줄여버리는 것이다.

SNS 문법에 익숙해지면 좋은 글쓰기가 어려워진다. SNS는 글을 속도감 있게, 또 빨리 쓰게 하는 장점이 있다. 그러나 일정 수준을 갖춘 좋은 글, 사람의 마음을 움직이는 글, 어떤 분명한 목적성을 가진 글을 쓰는 데는 큰 장애가 된다.

신문기사만 보더라도 정치부 기사는 건조하기 마련이다. 갈등, 대결, 대립, 교착, 몸싸움…… 등등 거칠고 답답한 단어들의 연속이다. 이럴 때 '뒤뚱거렸다'라는 단어를 쓰면 그것 하나로 건조함이 사라지고 정치부 기사의 질감이 바뀐다. 그런 말랑말랑한 단어 하나만으로도 기사의 느낌이 달라진다. 언젠가 후배 기자가 고민하던 글에 내가 '토실했다'라는 단어 하나를 집어넣었다. 알차고 단단하게 영근 것을 표현하는 데 쓰는 '토실했다', 그 한 단어로 기사의 질감이 달라졌다.

　글쓰기는 단어와의 싸움이다. 단어가 풍부해야 말랑말랑한 글을 쓸 수 있다. 나의 경우는 사전을 늘 가까이한 습관이 큰 도움이 됐다. 국어사전을 가까운 곳에 놓고 아무 때나 딱 펼쳐보곤 한다. 거기엔 단어들이 가득하다. 그렇게 경이로울 수가 없다. 비슷비슷한 듯 전혀 다른 뜻의 단어가 꼬리에 꼬리를 물고 나온다.

　초등학교 때부터 나는 아버지의 국어사전을 갖고 놀았다. 백일장 대회에 나가기 전날 내가 주로 했던 일은 사전을 펼쳐 들고 단어 수십 개, 수백 개를 미리 살펴보는 것이었다.

　백일장 대회 나가기 전에 사전을 보는 일은 나무를 패기 전 도끼를 가는 일과 같다. 단어로 날카롭게 무장하고 가는 것이다. 글을 쓰는 사람에게는 매일매일이 백일장 대회와 같다. 글을 쓰기 전에 국어사전을 들고 아무 장이나 펼쳐보아라. 단어 찾기 놀이를 하라. 무심히 읽는 단어 중에 꽂히는 단어가 있을 것이다. 꽂히는 단어 몇 개가 글을 넉넉하고 풍요롭게 해준다.

　글은 단어와 어휘력이 생명이다. 요즘에는 스마트폰으로 단어를 금방 검색하고 바로바로 찾아볼 수 있다. 그러면 찾고자 하는 단어뿐 아니라 그와 연관된 단어들까지 이어져 나온다. 그것을 죽 읽어보라.

　나에게는 국어사전 말고도 또 하나의 도끼가 있다. 20여 년 전 평양에 갔을 때 사온 『조선어 사전』이다. 이 사전은 우리말, 특히 우리 옛날 말의 보고다. 우리가 잊었던, 잃었던 글과 단어들이 무궁하다. 물론 그 단어들을 그대로 쓰면 생소하고 생뚱맞게 느껴진다. 그래도 그런 예스러운 순우리말에서 많은 영감을 얻을 수 있다.

예스러운 우리말을 열심히 찾아서 글을 쓰는 사람이 있다.《한겨레신문》기자였던 손석춘이다. 참으로 고마운 분이다. 그런데 너무 옛 단어를 찾아서 쓰는 글이라, 읽다 보면 그 뜻을 몰라서 다시 사전을 찾아야 한다. 그렇기에 아무래도 가독성이 떨어진다. 읽다가 사전을 찾게 하는 글은 좋은 글이 아니다.

글은 쑥쑥 넘어가는 동시에 읽는 이로 하여금 '이다음에는 무슨 얘기가 펼쳐질까?' 하며 빠져들게 해야 한다. 단어에 턱 걸려서 '이게 무슨 뜻이지?' 하다 보면 계속 읽기가 힘들다. 그러니 어려운 한자라든가 깊숙이 박혀 있는 옛 단어를 꼬집어서 일상화하려는 일은 피하는 게 좋다.

자기만의 클리셰를 위하여

그렇다면 상투어는 어떨까? 흔히 "상투어는 버려야 한다"고들 한다. 아니다. 때로는 상투어를 잘 살려야 한다. 모순된 이야기처럼 들릴지 모른다. 상투어를 많이 알아야 상투어를 넘어설 수 있다. 클리셰를 알아야 클리셰를 넘어설 수 있고, 상투어를 알아야 상투어를 넘어선 자기만의 클리셰를 만들 수 있다. 자기가 쓰는 글의 맛, 자기만의 문체, 질감을 갖는 것이다.

『햄릿』하면 누구나 떠올리는 클리셰가 있다. "사느냐 죽느냐, 그것이 문제다(To be or not to be, that is the question.)."

이 문장을 대하는 순간 누구나 셰익스피어를 떠올린다. 엄청난 '브랜드'이고, 지적 재산이다.

상투어와 클리셰도 자기의 언어 저장고에 많이 쌓아놓을수록 좋다. 이는 상식이 풍부하다는 뜻도 되기 때문이다. 그 상식의 배경이 되는 역사적·사회적 상황을 이해하게 되면 어느 순간 전혀 다른 신선함을 안겨준다. 새로운 느낌의 창조적 언어로 재탄생하는 것이다.

셰익스피어의 "사느냐 죽느냐, 그것이 문제다"는 클리셰의 고전이라 할 수 있다. 그 클리셰가 어느 날 셰익스피어의 손끝에서 툭 떨어졌을까?

그렇지 않다. 나의 통찰과 관점에서 바라볼 때, 이 클리셰는 『구약성경』의 「에스더서」에 나오는 "죽으면 죽으리라"라는 클리셰와 연결된다. 페르시아의 지배 당시 이스라엘 민족 전체가 죽음 직전에 몰린 상황에서, 당시 왕비였던 에스더는 "죽으면 죽으리라"라는 결단으로 자기 민족을 살렸다. 이것이 『성경』을 탐독한 셰익스피어를 통해 "사느냐 죽느냐, 그것이 문제다"라는 클리셰로 재탄생했다고 나는 생각한다.

이 클리셰는 오늘을 사는 우리에게도 결단이 필요할 때마다 언제든 새로운 뜻으로 다가올 수 있다. 상투어와 클리셰는 결코 죽은 언어가 아니라, 언제든 되살아날 수 있는 생명력을 가질 수 있다.

"주사위는 던져졌다."— 율리우스 카이사르
"왔노라. 봤노라. 이겼노라."— 율리우스 카이사르

"항상 기뻐하라. 쉬지 말고 기도하라. 범사에 감사하라." ―『성경』

"백성은 물과 같고, 군주는 배와 같다. 물은 배를 띄우기도 하지만 뒤집기도 한다." ― 한비자

이 모두는 각각 어마어마한 역사적·종교적·문화적 배경을 바탕으로 하는 고전적 클리셰들이다. 풍부한 단어와 함께 이런 클리셰도 각자의 언어 저장고에 두둑이 쌓아놓아야 한다.

첫 줄, 어떻게 쓸 것인가

"버려진 섬마다 꽃이 피었다."
김훈 작가가 쓴 『칼의 노래』의 첫 문장이다.
"국경의 긴 터널을 빠져나오자 설국(雪國)이었다."
1968년 노벨 문학상을 받은 일본의 가와바타 야스나리가 쓴 『설국』의 첫 줄이다.
글의 시작은 첫 줄, 첫 문장이다. 그 첫 줄, 첫 문장이 글의 전체를 좌우한다.
소설에서도 첫 문장이 매우 중요하다. 첫 문장에는 그다음 문장, 그 뒤의 이야기를 계속 읽게 만드는 힘이 있어야 한다. 그렇지 않은 글은 실패하기 쉽다.

글을 계속 읽을 것인가 말 것인가는 대체로 첫 문장에서 승부가 난다. 독자의 절반 이상은 이것이 재미있는 글인지 아닌지 첫 문장을 읽고 판단한다. 첫 문장이 너무 어렵거나 형이상학적이거나 하면 독자들은 더 읽어볼 생각도 하지 않은 채 책을 덮고 도망간다. 한 번 도망간 사람은 다시는 돌아오지 않는다.

대통령 연설문에서도 가장 중요한 것이 '첫마디', 즉 첫 문장이다. 그러다 보니 아무리 글을 많이 쓴 사람도 첫 줄에서 헤맨다. 나도 예전에는 첫 줄을 쓰기 위해 밤을 새우곤 했다. 이 펜으로 쓰다가 저 펜으로 바꿔 쓰고, 쓴 원고를 찢어내고 다시 썼다. 찢어진 원고지 수십 장의 파지가 나오곤 했다.

글의 첫 줄을 쉽게 쓰고 잘 쓰려면 이 또한 훈련이 필요하다. 글 쓰는 사람의 역량은 첫 줄에서 드러난다.

글의 첫 문장에서 독자를 사로잡는 방법은 무엇일까? 읽고 싶게 만드는 훈련은 무엇일까? 첫 문장에 입맛을 다시면서 그다음에 무슨 이야기를 할까 궁금하게 해야 한다. 독자의 관심과 호기심을 끌어당기고 그다음 이야기로 풀어가는 것이다. 첫 줄부터 마음을 열게 하는 것, 다가오게 하는 것, 그것이 핵심이다. 마치 처음 누군가를 만났을 때 그의 첫마디에 호감을 느끼면 그 사람에 대해 좀더 알고 싶어지는 것과 같다.

독자들도 마찬가지다. 첫 줄에서 호기심과 기대감을 안겨주는 글을 만나면, 다음에 무슨 이야기가 펼쳐질지 궁금해하고 마지막 결론은 무엇일까도 상상한다.

호기심을 끄는 첫 문장으로 시작되는 소설이 더 있다. 엘리자베스 조지(Elizabeth George)가 쓴 『그녀를 쏘기 전에 그에게 무슨 일이 있었나(What Came Before He Shot Her)』의 첫 문장이다.

"당시 열한 살이었던 조엘 캠벨은 버스에 타는 것으로 끝내 살인까지 이어지는 추락을 시작했다."

처음부터 아슬아슬하고 위태위태하다. 주인공인 조엘 캠벨의 목숨이, 그리고 또다른 누군가의 목숨이 어떻게 될지 궁금해진다. 첫 줄부터 다가오는 그 아슬아슬함이 흥미를 유발하고 그다음에 무슨 일이 일어날지 궁금해지게 한다. 어쩐지 계속 읽고 싶어진다.

아쿠타가와상을 받은 무라타 사야카의 소설 『편의점 인간』의 첫 문장도 독자의 호기심을 불러일으킨다.

"편의점은 소리로 가득 차 있다."

어떤가. 어떤 소리로 가득 차 있다는 것인지 그다음 글이 궁금해지지 않는가? 첫 문장 하나로 소설의 전체 분위기를 그려낸다.

앞에서 소개한 "버려진 섬마다 꽃이 피었다"도 마찬가지다. 이 첫 줄 하나로 『칼의 노래』 전체에 흐르는 그 모든 맥락이 집약된 것 같지는 않은가? 버려진 섬과 꽃이 대비되면서, 한반도의 아름다운 산야와 임진왜란이 일어났던 비극의 현장이 한눈에 그려지는 느낌이다. 담백하면서도 간결한 첫 문장을 읽으며 독자는 그 한 폭의 슬프고 아픈 그림 같은 이야기 속으로 빠져 들어가고 싶어진다.

신문기사도 첫 줄에서 승부가 난다. 1984년으로 기억된다. 역사상 처음으로 중앙언론사 간부들이 북한을 방문하는 일이 있었다.

각 언론사의 사회부장들이 북한을 다녀온 뒤 '북한 방문기'를 자기 신문에 쓰게 됐다. '각 언론사 사회부장 백일장 대회'라는 말이 회자되기도 했다. 내로라하는 사회부장들이 큰 부담을 안고 써야 하는 글이었다. 당시 내가 속했던 《중앙일보》의 금창태 사회부장이 쓴 방문기의 첫줄은 이러했다.

"하나이면서 둘이었고 둘이면서 하나였다."

그 첫 줄 하나로 부장단 백일장 대회의 게임은 끝났다.

문장을 세심히 하나씩 잇기

첫 줄은 그냥 중요한 것이 아니라 '매우! 매우! 매우! 중요하다'. 그러나 첫 문장이 중요하다고 해서 그것에 힘이 들어가면 안 된다. 잘 쓰려고 너무 용을 써도 안 된다.

그렇다면 첫 줄을 어떻게 써야 할까. 어떻게 해야 첫 줄을 잘 쓸 수 있을까. 내가 주로 사용하는 방법을 한두 가지 설명해 보겠다.

글, 기사, 연설문, 아침편지를 써야 할 때 그 글의 전체 분위기나 흐름을 한마디로 파악할 수 있는 키워드를 먼저 적어본다. 예를 들어 한강의 노벨문학상 수상과 관련한 글을 써야 한다면 '사건' '획' '기쁨' '충격' '1980년 5·18' '광주의 눈물' '치유'와 같은 키워드가 얼른 떠오를 수 있다.

그다음엔 그 키워드를 모두 적어놓고 문장을 만들어본다. "이것은 사건이다" "또 하나의 획을 그었다" "충격이다, 기쁨이다" "5·18 광주의 눈물이 노벨 문학상으로 치유될까?" 여러 가지 첫 문장이 쓰일 수 있다. 그중 하나를 잘 선택하여 그다음 줄, 그다음 줄을 이어간다.

또다른 예로 '세월호 사건'을 쓴다고 하자. '충격' '비탄' '망연자실' 등 여러 키워드가 떠오를 것이다. 이를 짧은 문장으로 바꿔본다. "충격도 아니다" "이런 비탄이 또 있을까" "전 국토가 망연자실했다" 등. 그중 하나를 선택했다면, 그다음 두 번째 문장을 이어보는 것이다.

첫 번째 문장 못지않게 중요한 것이 두 번째 문장이다. 노벨문학상 수상이나 세월호 같은 역사적 사건 말고, 보통의 일상에서 마주할 수 있는 평범한 주제를 놓고 설명하겠다.

예를 들어 키워드가 '비'이고, 첫 줄을 '비가 내렸다'로 썼다고 하자. 두 번째 줄에서는 어떻게 이어갈까?

만약 두 번째 줄에 '또 내렸다'라고 썼다 치자. 어떤 느낌이 오는가. 조금 싱겁지 않은가? 그런데 만일 '궂은비다'라고 썼다면 어떤 느낌이 드는가. 무언가 불길함을 암시하는 듯한 느낌을 받지 않는가? 쓰고자 하는 글에 뭔가 좀 고통스럽고 고달프고 불편한 일이 담길 것 같지 않은가? 이것을 '암시', 또는 '분위기'라고 얘기한다. 내가 쓰고자 하는 글이 가야 할 방향, 분위기를 첫 줄에 묘사하는 것이다.

반대로 첫 줄에서는 똑같이 '비가 내렸다'라고 쓰고, 두 번째 문장이 '단비다'로 이어지면 어떤 느낌이 들까. '단비'라는 표현이 들어가는 순간 희망적이고, 뭔가 잘 풀릴 것 같은 느낌을 준다. 오래

기다렸던 반가운 비, 며칠 만에 쏟아진 비라는 느낌. 읽는 사람은 그런 마음으로 글쓴이를 뒤따라오게 된다.

여기에 '며칠 동안 내렸다' '죽죽 쏟아졌다'와 같은 상황 묘사가 덧붙으면 글에 질감이 부여된다. 이렇게 문장들을 세심히 하나씩 이어나가는 연습을 반복해 보자.

끝까지 읽게 만드는 힘

글에는 반드시 그 글을 읽어주는 독자가 존재한다. 음악에도 그 음악을 들어주는 청중이 존재한다. 청중이 반응해야 좋은 음악인 것처럼, 좋은 글은 읽는 독자에게 잘 전달되어야 하고 독자들의 마음을 움직여야 한다. 전달되지 않는 글은 의미 없는 글이 된다. 읽다가 마는 글이어서는 안 된다. 끝까지 읽게 하는 힘이 있어야 한다.

끝까지 읽게 하는 힘을 갖기 위해선 쉽고 재미있어야 한다. 글은 이야기다. 다시 말하지만 이야기는 고점, 저점, 굴곡이 있어야 재미가 있다. 그 굴곡은 작은 에피소드일 수도 있고 짧은 잠언일 수도 있다. 중요한 점은 그것들이 재미있고 쉬워야 한다.

짧은 에피소드가 너무 늘어지고 길어지면 재미가 없어진다. 이야기는 쏜살같이 달려야 한다.

그러나 마냥 질주만 해서는 안 된다. 고속도로 중간에 휴게소가 필요하듯 글에도 쉼터와 갓길이 필요하다. 그것들이 있어야 글에 리듬이 생기고 재미가 생겨난다. 쏜살같은 이야기가 빠른 속도로 이어지다가도 그 속도를 잡아두는 쉼표가 있어야 한다.

사랑 이야기라 해서 주구장창 사랑 행위만 나오면 재미가 없다. 미움과 갈등의 요소들이 섞여 있어야 한다. 갈등과 미움과 부딪침이 생기고 그 장애물을 어떻게 풀어가며 사랑으로 이어지는지가 이야기 속에 포함되어 있어야 재미있는 글이 된다.

거듭 강조하거니와 무엇보다 쉬운 글이어야 한다. 읽는 사람이 쉽게 이해할 수 있게 해야 한다. 잘 이해되기 위해서는 글이 논리적이어야 한다. 논리적이라고 해서 수학자나 물리학자가 되라는 뜻이 아니다. 이치에, 논리에 맞는 글이어야 한다는 뜻이다.

글의 보이지 않는 논리적 구조, 그것이 곧 앞에서도 언급했던 기승전결이다. 가장 간단하게는 삼단논법이다. "사람은 다 죽는다. 소크라테스도 사람이다. 그러므로 소크라테스도 죽는다"는 아리스토텔레스의 그 유명한, 가장 간단한 삼단논법이다. 말과 글의 기본이 되는 이러한 틀을 자유자재로 활용하는 기술이 필요하다.

유머가 들어가면 금상첨화

글은 언제나 새롭고 흥미로워야 한다. 하지만 어려운 이야기로 거부감을 가지게 하는 글은 실패한 글이다. 독자가 '참 쉽고 재미있네' 하면서 열심히 읽은 뒤 '의미가 있었다'라고 느끼게 된다면 그 글은 성공이다. 읽을수록 흥미진진하게 끌고 가야 한다. 마음을 흔들고 휘저어야 한다.

여기에 유머, 위트가 첨가되면 금상첨화다. 다만 허풍, 거만함, 상스러움은 금기사항이다.

유머에 대한 유명한 어록이 있다. 고르기아스(Gorgias)의 말이다.

"독자(또는 청중)의 진지함은 웃음으로 무너뜨리고, 독자의 웃음은 진지함으로 깨뜨려야 한다."

'울리면서 웃기고 웃기면서 울리라'는 뜻이다.

더하기가 아닌 빼기

 음식에 양념이 안 들어가면 심심하다. 맛이 없다. 그렇다고 양념 맛이 너무 세면 어떻게 될까? 한 번은 먹어도 두세 번은 안 먹는다. 글에서도 양념을 잘 사용하되 절제하는 노력이 필요하다. 양념 없이도 맛있고 재미있어야 한다.
 어떤 상황을 서술할 때 양념을 너무 넣으면 좋지 않다. 미사여구를 마구 넣고, 형용사를 가득 붙이는 것도 좋지 않다. 화려하게 쓰지 않으면서도 독자를 끌어들이는 힘이 있어야 한다. 화려한 표현으로 서술하려 하지 말고 담담하게 그리듯 써라.
 글에서는 빼는 것도 중요한 기술이다. 형용사와 수식어를 과감히 생략하라. 미사여구, 구구절절 긴 설명, 자기과시, 이런 요소들은 빼거나 줄이는 것이 좋다.

　연설문에서도 '빼기'가 중요하다. 좀 어렵다 싶거나, 청중이 못 알아들을 것 같거나, 아직은 설익었다 싶은 내용과 표현은 빼는 게 좋다. 사람들을 헷갈리거나 혼미하게 만드는 것보다는 차라리 빼는 편이 낫다.

　글에서의 수학은 더하기가 아닌 빼기다. 끊임없이 상상하고 거침없이 서술하되 최대한 줄이는 게 좋다. 할 수 있는 한 빼라. 군더더기, 일반적인 이야기, 하나마나한 이야기, 식상한 이야기 모두 빼라는 의미이다. 부사, '그리고'나 '그런데'나 '그러나' 등과 같은 접속부사를 최대한 줄여라. '너무' '매우' '가득' 같은 정도부사도 되도록 아껴야 한다.

　형용사에 대해서는 이론이 많다. 형용사를 모두 빼라는 사람도 있다. 그러나 나는 형용사를 일정 부분 잘 활용해야 좋은 글이 된다고 생각한다. 가장 정확하고 맛깔스러운 형용사를 적재적소에 활용하는 능력은 중요하다. 미사여구를 말하는 게 아니다. 정확한 형용사를 사용하라는 뜻이다.

　가능하면 글자 하나라도 줄여라. 당장 '-은/는' '-이/가' '-을/를'부터 줄일 수 있다. '결정이 되었다'는 '결정되었다'로 줄일 수 있고, '결정됐다'로 더 줄일 수 있다. '결정을 했다'가 아닌 '결정했다'로, '성공을 했다'가 아닌 '성공했다'로, '실패가 되었다'가 아닌 '실패했다'로, '하였습니다'조차도 '했습니다'로, '되었습니다'도 '됐습니다'로 쓰는 것이 좋다. 한 글자도 낭비하지 말아야 한다.

글에서 빼야 하는 요소는 글자만이 아니다. 김대중 대통령의 연설비서관으로 일할 때였다. 당시 막내 행정관으로 채용한 강원국 행정관에게 "글을 쓸 때는 잘난 척하지 마라. 힘을 빼라"라는 말을 여러 번 했다. 나도 기자 시절 선배로부터 수없이 들은 말이었는데, 이제 갓 들어온 행정관을 보니 불현듯 다시 떠올라 같은 조언을 해주었다.

"힘을 빼라"라는 말은 "멋있게 쓰려고 애쓰지 말라"라는 말과 같다. "잘 쓰려고 애쓰지 말라"라는 말과도 통한다. 글을 쓰는 사람은 자기를 내려놓을 줄 알아야 한다. 그럴 때 좋은 문장이 나온다.

자기를 드러낸다는 건 자기의 지식을 자랑하려 드는 것이다. "나 이렇게 잘 알아. 내가 지금 역사에 남을 불멸의 글을 쓰려고 해" 하는 마음으로는 좋은 글을 쓸 수 없다. 힘만 들 뿐이다.

운동도 어깨에 힘이 들어가면 잘할 수 없다. 농구나 축구도 슛을 할 때 힘이 들어가면 골을 넣기 힘들어진다. 골프도 힘을 빼는 것에서부터 시작된다. 힘을 빼고 가볍게 툭 치듯 써야, 좋은 글이 나온다. 지금 이 글도 힘을 빼고 쓰고 있다.

그림을 그리듯 글을 써라

　글을 쓰는 사람은 망원경보다 더 멀리 보고, 현미경보다 더 세밀히 볼 수 있어야 한다. 글을 서술할 때에는 미세한 숨결조차 놓치지 말아야 한다. 세밀히, 섬세하게, 구체적으로 써라. 손에 쥐어주듯이, 눈에 펼쳐서 보여주는 것처럼 써라. 살아 있는 글, 흥미진진한 글은 그렇게 탄생된다.

　섬세함과 구체성이 글에 생명력을 부여한다. 구체적인 글은 어느 한 사람, 어느 한 가지에 집중하는 글이다.

　『샬롯의 거미줄』로 뉴베리 아너 상을 받은 동화작가 엘윈 브룩스 화이트(Elwyn Brooks White)는 이런 말을 했다.

　"추상적인 인류 전체가 아닌 구체적인 한 사람에 대해 써라."

한 사람에 대해 구체적으로 쓰는 일이 디테일이다. 전 인류의 문제를 한 사람의 내면으로 들어가 서술하는 일이 디테일이다.

아인슈타인은 많은 물리학적 개념을 시각적으로 상상하며 이론을 발전시켰다. 상대성 이론과 같은 복잡한 개념도 그는 머릿속에서 시각화시켜 이해했다. 빛의 속도로 여행하는 상상, 그런 이미지를 떠올리면서 이론을 구체화했다.

글도 시각화하라. 그림 그리듯 글을 쓰라는 이야기다. 생생한 그림, 생생한 사진처럼 눈에 보이듯이 써라. 보게 해주어야 느낄 수 있다.

『마음은 어떻게 작동하는가』를 쓴 미국의 심리학자이자 인지과학자 스티븐 핑커(Steven Pinker)는 정신적 이미지가 사고 및 인지 과정에서 강한 힘을 갖는다는 점을 여러 차례 강조했다. 글도 시각적으로 구체적인 이미지를 전달할 수 있어야 단단해진다.

좋은 이야기를 만들어내기 위해서는 무언가를 '혼이 담긴 시선'으로 바라보아야 한다. 재미있는 요소들, 놓쳐서는 안 되는 것들, 디테일한 부분에 혼이 담긴 시선이 머물러야 한다.

시선과 관찰은 낚시와도 같다. 찌가 오르는 순간을 낚아채야 한다. 수면 위에 떠있는 찌를 뚫어지게 보라. 혼이 담긴 시선으로 관찰해야 한다. 작가는 남이 보지 못하는 부분, 0.1초 살짝 스쳤는데 그것을 대어(大魚)로 낚아 자신의 글에 어마어마한 디테일의 재료로 사용할 수 있어야 한다.

길거리에서 자신이 아는 사람이 눈에 띄면 아무리 먼 발치에 있어도 0.1초 만에 알아본다. 평소 깊은 관심을 가지고 무언가를 열심히 관찰하는 일을 몸에 익혀야 가능하다는 뜻이다. 멀리서 봐도 0.1초 사이에 그가 누구인지 알아채는 것, 걸음걸이와 표정과 눈빛만 보고서도 그가 지금 즐거운지 슬픈지를 금방 읽어내는 것, 그것을 다시 글로 표현해내는 일이 글쟁이의 몫이다.

슬픔과 즐거움의 감정을 '슬펐다' '기뻤다'로 표현하면 건조하고 맛이 없다. '눈가에 이슬이 맺혔다' '닭똥 같은 눈물이 뚝뚝 떨어졌다' '좋아서 하늘을 나는 듯했다'라고 표현해야 실감이 난다. '입꼬리가 귀에 걸렸다' '벌린 입을 다물지 못했다' '입술이 파르르 떨렸다'……. 눈에 보이지 않는 감정을 그런 몸짓언어로 옮겼을 때 글맛을 느낄 수 있다.

남다른 표현 방식은 글 쓰는 사람이 늘 고민하는 문제다. 새로운 발견과 새로운 시각의 글쓰기 훈련이 뒤따라야만 갖출 수 있다. 프랑스 작가 마르셀 프루스트는 『잃어버린 시간을 찾아서』에서, "진정한 발견이란 새로운 땅을 찾아내는 것이 아니라 새로운 시각을 갖는 것이다"라고 했다.

글은 발견이다. 새로운 발견이다. 늘 다니던 길에서 전에는 못 봤던 꽃을 발견하는 것이다. 그 꽃에 맺힌 물방울을, 그 물방울에서 어린 시절에 본 어머니의 눈물을 발견하는 것이다.

일상을 자기만의 새롭고 구체적인 시각으로 바라보는 깨달음. 우리의 하루하루는 그 발견의 연속이다. 그때 모든 것은 글이 될 수 있다. 세상을 보는 눈은 누구나 갖고 있다. 다만 그것을 남과 다르게 바라보기, 거기서부터 글은 시작된다.

글의 깊이는 천차만별이다. 글의 내용에 깊이를 더하기 위해서는 사유가 필요하다. 내면으로 들어가야 한다. 밖으로 보이는 것에 머물지 않고 보이지 않는 내면을 보는 것이다. 글은 사유의 기록이라 할 수 있다. 내면에서 재발견된 사유의 기록.

사유는 무엇인가, 생각이다. 생각은 오랜 사유의 결과이기도 하지만 어느 순간 번쩍 떠오르기도 한다. 깊은 사유의 우물에서 0.1초, 번뜩 떠오르는 생각을 잡아채서 그것을 자기만의 틀 속에 부벼 넣어 기록하는 일이다.

감각의 문을 열어라

 글은 번뜩임이다. 번뜩 일어난 한순간의 불꽃을 놓치지 마라. 그 순간을 잡아채야 한다. 그럴 수 있도록 늘 깨어 있어야 한다. 감각의 문을 활짝 열어놓아야 한다. 뒤통수에 눈을 달고 다녀야 한다. 앞만 보지 않고 뒷면까지 볼 수 있어야 한다.
 감각의 문을 열어야 한다. 감각이 살아 있게 하라. 글은 느낌이다. 느낌은 감각에서 온다. 눈, 코, 귀, 혀, 손끝을 살아 있게 하라. 시각, 청각, 후각, 미각, 촉각, 이른바 오감이다. 오감이 살아 있게 해야 한다. 오쇼 라즈니쉬(Osho Rajneesh)가 『라즈니쉬의 명상건강』에서 이런 말을 했다.

신이 그대에게 그토록 아름다운 육체와 그토록 감각적인 육체를, 실재와 연결된 숱한 문들을, 눈과 귀와 코와 촉감을 준 것을 감사하라. 이 모든 창문을 열고 삶의 미풍이 흘러 들어오게 하라. 삶의 태양이 비쳐 들어오게 하라. 보다 감각적이 되는 것을 배우라. 감각적이 될 수 있는 모든 기회를 이용해서 첫 번째 필터를 떨쳐 버려라. 풀 위에 앉아 있다면 눈을 감고 풀이 돼라. 풀처럼 돼라. 자신이 풀이라고 느껴라. 풀의 푸르름을 느껴라. 풀의 촉촉함을 느껴라. 풀에서 풍겨 나오는 그윽한 내음을 느껴라. 풀잎 위의 이슬방울을 느껴라. 이슬방울들이 그대 위에 있다고 느껴라. 풀잎 위에 햇살이 노니는 걸 느껴라. 잠깐 동안 그 안에 빠져들면 그대는 자신의 육체에 대한 새로운 감각을 갖게 될 것이다.

오감을 느껴라

나는 글을 쓸 때마다 오쇼의 이 말을 머리에 떠올리곤 한다. 그리고 그것을 다시 나의 언어로 바꾸어 되새김질한다. 그렇다. 내가 나에게 조용히 명령하는 것이다.

보아라

그냥 보지 말고 열린 마음으로 보아라. 감탄하면서 보아라. 경이로운 눈으로 보아라. 그때 어떤 생각이 떠오르는지 스스로 느껴보라.

장미를 바라볼 때 다른 곳으로 시선을 옮기지 말고 오직 장미만 집중해서 보아라. 장미의 향을 맡고 만지며 촉감을 느껴라. 세상을 잊고 장미꽃 한 송이에만 집중해라. 내가 장미꽃이 됐다고 느껴질 때까지. 장미가 되어라. 그러면 보인다. 꽃이 보이고 나무가 보인다. 사람이 보이고 마음이 보인다.

들어라

숲을 걸으면 새소리가 들린다. 바람 소리가 들린다. 그 소리에 집중해서 몰입하면 더 미세한 소리도 들리게 된다. 나무 위로 지나가는 바람, 내 귓가로 스쳐가는 바람의 두께가 달리 들린다. 한 번 들은 소리와 열 번, 백 번 들은 소리는 다르다. 소리도 다르고 의미도 다르다.

내 마음이 고요하면 더 잘 들린다. 놓쳤던 소리도 들린다. 그래서 글은 명상과도 통한다.

냄새를 맡고 혀끝의 감각을 살려라

코를 열어라. 냄새만으로도 많은 것을 알게 된다.

혀끝의 감각을 살려내라. 달고, 짜고, 쓰고, 신맛의 끝자락까지 느껴보라. '포도 명상'이라는 게 있다. 포도 한 알을 입에 물고 혀끝의 감각을 느끼는 명상이다. 얼마나 많은 맛과 느낌과 생각이 일렁이는지를 경험할 수 있다.

촉각을 살려라

샤워할 때 한번 실험해 보라. 작은 물방울 하나하나를 느끼도록 노력하라. 나를 감싸는 물방울 하나하나의 시원함과 따뜻함을 느끼는 것이다.

손끝 발끝의 감각을 살려라

의사의 손끝, 헤어디자이너의 손끝을 연상해 보라. 그 손끝 하나에 한 사람의 생명이 살아나고, 헤어스타일이 달라진다. 위로하고 치유하는 모든 행위가 그 감각 안에서 이뤄진다. 그것이 글이 된다.

오감을 통해서 얻어지는 감각들을 메모하라. 느낀 대로 적어라. 본 것들을 본 그대로 적어라. 적다 보면 어떤 꽃인지, 어떤 나무인지 조금씩 더 구체화된다. 어제 본 꽃과 오늘 본 꽃이 달리 보일 것이다. 어제 본 사람과 오늘 본 사람이 달리 보일 것이다.

보고 느낀 것에 머물지 말고 그때 들리는 소리를 글로 적어놓아라. 새를 봤을 때, 새소리를 들었을 때, 어떤 새소리인가 싶다가 그것이 갑자기 어머니의 음성으로 들리는 경험을 할 수도 있다. 나 때문에 아파하는 아내의 울음 같다고 느껴질 때도 있을 것이다. 그것을 글로 적어라.

육감을 넘어선 또 하나의 감각

오감을 넘어서는 또 하나의 감각이 '육감'이다. 직관을 말한다. 육감을 넘어선 감각이 더 있다. 십감(十感)이다. 보지 않고도 보는 것, 만지지 않고도 느끼는 것, 소리가 없는데도 듣는 것, 맛보지 않고도 맛을 느끼는 것, 천리만리 떨어진 곳에서 풍기는 향기를 느끼는 것, 그것이 십감이다. 무에서 유를 창조하는 것 또한 십감이다.

십감을 훈련하는 가장 쉬운 방법은 두 눈을 감고 '제3의 눈'에 집중하는 것이다. 눈썹과 눈썹 사이의 미간, '제3의 눈'이라고 부른다. 눈을 감고 제3의 눈으로, 그때 떠오르는 대상에 몰입해 보라. 그때 보이고 들리고 느끼는 것을 찾아낸다. 그것을 소재로 삼으면 그대로 글이 될 수 있다. 명상 시(詩)가 태어난다.

오감과 육감과 십감을 살려서 그때그때 떠오르는 언어들을 메모하고 무의식에 저장하라. 새, 꽃, 나무…… 어떤 꽃, 어떤 나무…… 서늘했다, 시원했다…… 아팠다, 따뜻했다……. 느낌의 갈래가 아주 다양해질 수 있다. 그것을 적는 것이다. 십감의 감각을 자연스럽고 조화롭게 녹여낼 때 훨씬 생동감 있는 글이 된다.

아침편지도 하나의 시다. 산문시다. 『우리 앞에 시적인 순간』을 쓴 소래섭 교수의 말이 생각난다.

"시를 쓰기 위해서 우리가 가장 먼저 해야 할 일은 둔감함에서 벗어나는 일이다."

글을 쓰는 사람은 둔감함에서 벗어나야 한다.

둔감함에서 벗어난 감각으로 쓸 수 있는 글이 여행기다. 여행을 하면 평소 못 보던 풍경들이 보인다. 낯선 곳에서 보고 듣고 맛보고 했던 것들을 적으면 된다.

여행이라고 해서 꼭 먼 거리를 가야 하는 것은 아니다. 진짜 좋은 여행은 가까운 우리 일상 속에서 할 수 있다. 집을 나서고, 직장에 가고, 학교에 가고, 수없이 반복해서 걷던 길을 다시 바라보고 느끼고 깨닫는 것, 너무도 좋은 여행길이다.

열린 감각으로 보면 지나가는 사람이 달라 보인다. 나무의 색깔이 달리 보인다. 새로운 장소, 낯선 환경이 아닌데도 같은 길을 반복해서 걷다 보면 표현이 달라진다. 재미있는 일들이 생겨날 것이다. 그것을 글로 쓸어 담는 것이 내가 말하는 여행기다. 그 여행기를 통해 글 쓰는 습관을 키울 수 있다.

다만 감각의 과잉은 조심해야 한다. 감각적 묘사가 지나치게 많으면 오히려 글의 흐름이 산만해지거나 역효과를 일으킬 수 있다. 전체 글의 맥락에 가장 적절한 감각적 표현인지를 잘 판단해야 한다.

딱 한 사람에게 목숨을 걸어라

　　글은 작가와 독자 사이를 연결해 주는 다리다. 글 쓰는 사람의 생각과 느낌이 독자에게 잘 전달되어야 글이 생명력을 갖는다. 욕심껏 말하면, 독자의 시선을 빨아들이듯 끝까지 붙잡아둘 수 있어야 한다. 독자가 바라는 바를 채워주고, 그 자신이 스스로에게 던지는 질문에 답을 주어야 한다. 나에게 이런 일이 일어나면 나는 어떨까? 나는 어떻게 대처하면 좋을까? 그에 대한 답을 주어야 한다.

　　그러기 위해서는 이 이야기가 나에게, 내 인생에, 어떤 의미가 있는가 하는 물음에 정확한 답을 제시할 수 있어야 한다. 도대체 이 사람이 무슨 이야기를 하려고 하는지, 그래서 나에게는 어떤 의미가 있는지, 나와 무슨 상관이 있는지, 하는 물음에 답을 주지 못하면 그 글은 실패한 글이다.

이야기를 계속 읽게 하는 힘은 답을 찾아가는 흐름에 있다. 하늘에 떠 있는 이야기가 되어서는 안 된다. 글을 읽는 사람이 스스로 자기 이야기로 받아들일 수 있는 것이어야 한다. 그래야 실감나는 이야기, 깜짝 놀라서 생각을 바꾸고 자기 삶을 변화시키게 하는 이야기가 될 수 있다. 그렇게 끌고 가는 힘이 있어야 한다.

마치 읽는 사람이 주인공인 듯한 느낌을 주어야 한다. 자기 이야기처럼 느끼게 하기 위해서는 일상에서 잘 관찰된 풍부한 재료들이 필요하다. 고유하면서도 보편적인 재료들이다. 그 재료들을 최적의 과장, 비유, 에피소드 같은 요소들로 잘 녹여낼 수 있어야 된다.

그 글을 읽고 난 다음에 그 이야기가 바로 나의 이야기라는 느낌이 들어야 한다. 그 이야기 속에 담겨 있는 의미는 물론이고 그 이야기에 담겨 있지 않은 행간까지가 읽혀져야 좋은 글이다. 읽고 나면 여운으로 남아, 글을 읽을 때는 그저 쭉 따라 읽었는데 읽고 나니 자기 삶을 돌아보고 한 번 더 생각하게 하고 음미하게 하는 글이 좋은 글이다.

돈이 뒤따라오는 글

글을 써서 먹고 살 수 있는 사람은 매우 적다. 극소수에 불과하다. 글은 돈이 돼야 한다. 돈이 되는 글을 쓸 수 있어야 한다.

글이 돈이 된다는 것은 '글의 경제학'을 일컫는 핵심 요소다. 여기에 중요한 원칙이 있다. 돈이 목표가 되어서는 안 된다는 점이다. 돈은 뒤따라오는 것이어야 한다. 먼저 사람들의 마음을 움직일 수 있는 글이어야 한다. 그러려면 공감을 불러일으켜야 하고, 공감을 얻으려면 현실성과 진정성이 글에 담겨야 한다.

아침편지 초기에는 내 개인 돈이 버팀목이었다. 한 달에 20만 원, 30만 원 들던 비용이 한 달에 200만 원, 300만 원으로 불어났다. 어렵사리 견디어가고 있었는데 감당할 수 없는 상황이 벌어졌다. 200명 쯤으로 시작된 독자 수가 20만 명에 이르면서 서버를 늘려야 하는 상황에 이르렀다. 그러려면 6,000만 원이라는 큰돈이 필요했다. 괜히 시작했나 싶었다. 어떻게 감당하지?

마침 어느 독자가 낸 아이디어대로 아침편지 가족들에게 '십시일반'이라는 모금 글을 내보냈다. 그리고 뒤통수를 한 대 크게 맞은 느낌을 받았다. 어떤 독자가 "네가 드디어 마각(馬脚)을 드러냈구나"라는 험한 문구와 함께 1원을 보내온 것이다.

충격이 컸다. 내가 괜한 일을 하고 있구나 싶었다. 아무리 선의로 하는 일이라 해도 사람들의 마음에 거부감을 주는 일은 아찔하다. "내가 과연 이것을 계속해야 할까." 이런 망설임이 컸다. 며칠째 밤새 고민하고서 쓴 글이 '십시일반 모금 일주일'(2002년 5월 3일자)이라는 글이었다.

지난 일주일 동안 모두 9백80여 명이 모금에 참여해 주셨습니다. 18만 5천 명, 전체 아침편지 가족의 0.5퍼센트 참여율이며, 그

가운데는 1원을 보내오신 분도 계셨습니다. 이걸 보는 순간, 저도 모르게 힘이 빠지면서 무슨 둔기에 맞아 넘어지는 듯한, 그러면서 쌓인 피로감이 일시에 몰려오는 듯한 느낌이었습니다.

그러나, 모든 시작은 미미하나 나중에는 창대해지며, 단 1원도 헛되지 않게, 가장 투명하고 엄정하게 사용하라는 준엄한 명령으로 해석하고, 고맙게 받아들이고 나니까 제 마음이 오히려 더 편안해지고 새로워졌습니다.

이 글이 나가고 놀라운 반향이 불꽃처럼 일어났다. "힘내세요" 같은 응원 글들과 함께 후원금이 쏟아져 들어왔다. 49,999원을 보낸 사람도 있었다. '너무 마음이 아파서 보냈다'며, 일전에 받았던 1원에 보태 5만 원을 채우라는 뜻이었다.

그 일을 시작으로 아침편지는 새로운 길을 걷기 시작했다. 되돌아보면 그 1원이 준 의미는 참으로 크다. 그때 내가 주저앉고 무너졌으면 그다음으로 나아갈 수 없었을 것이다. 며칠 동안 고민하다가 1원이라도 엄정하게 쓰라는 준엄한 명령으로 받아들이고, 실제로 그렇게 글로 쓴 일은 나의 글쓰기 인생에 의미 있는 경험이 됐다. '살아 있는 글'이 무엇인지를 깨닫게 해주었다.

살아 있는 글은 사람들의 마음을 움직일 수 있는 글이다. 당신이 무언가를 서술할 때에는 그것에 진심을 담아라. 구구절절 설명하기보다는 오로지 진심을 담아 소박하게 표현하는 게 좋다.

글의 경제학! 돈을 쫓아가지 않고 돈이 뒤따라오는 글은 결이 다르다. 사람들은 진실한 감정에 이끌린다. 글 쓰는 사람이 자신의 경험과 생각을 솔직하고 진솔하게 숨기지 않고 풀어내면 읽는 사람도 마음을 연다. 진정성을 함께 느낀다.

글은 머릿속에 이미지를 그리게 하고, 느낌을 떠올리게 하는 힘이 있다. 사랑, 미움, 상처, 상실, 두려움, 꿈, 희망. 우리 인간들이 매일 맞닥뜨리는 일상의 감정들을 어떻게 '딱 한 사람', 그 사람이 공감할 수 있게 쓸 것인가에 초점을 맞춰 쓰다 보면 '글의 경제학'도 이룰 수 있다.

오직 한 사람을 생각하며

모든 답을 주는 글보다 생각할 거리를 남겨주는 글이 사람의 마음을 더 잘 움직인다. 독자에게 생각할 여지를 주고 스스로 답을 찾아내게 하는 것이 중요하다. "이 글을 읽는 당신은 어떤 마음인가요?" "그때 어떤 감정이 들었나요?" 하고 조용히 묻는 듯, 딱 한 사람의 독자를 대화 속으로 끌어들이는 글이 좋다. 그러려면 끊임없이 자기 자신을 돌아보는 노력이 필요하다.

글은 결국 사람 마음에 침투해 들어가는 도구다. 그 도구를 통해 사람 마음에 다가간다. 사람 마음을 움직인다. 그 글을 읽고 저마다 자기 길을 가게 만든다.

사람을 움직이는 글의 힘은 공감에 있다. 공감하게 하라. 딱 한 사람을 공감시킬 수 있다면 그 글은 만인을 움직일 수 있는 글이 된다. '어쩌면 이렇게 내 마음을 잘 알지? 꼭 나를 지켜본 것 같네'

하는 생각을 독자가 할 수 있게 만드는 글이 좋은 글이다.

아침편지를 보내고 가끔 엉뚱한 일을 경험한다. 언젠가 한 40대 여성이 행사장에 와서 "왜 나를 일주일째 스토킹하는 거냐"라는 항의를 한 적이 있다. 당황스러운 일이었지만, 그 사람이 아침편지를 보면서 내가 자기를 들여다본 듯 느꼈다는 사실에 야릇한 쾌감을 느꼈다.

나 자신의 희로애락이 글에 담기고 그것을 읽은 사람이 마치 자기 이야기로 받아들일 때, 그 글은 살아 있는 글이 된다. 그러기 위해서는 독자의 마음을 읽어낼 수 있어야 한다. 읽어낸 독자의 마음을 글로 옮겨 다시 상대방에게 전달할 수 있어야 한다. 딱 한 사람의 독자면 충분하다. 그 딱 한 사람을 공감시킬 수 있으면 된다. 그 딱 한 사람이 공감하고 원하고 기대하는 글을 써야 한다.

딱 한 사람. 그 딱 한 사람에 목숨을 걸어야 한다. 그러면 보이고 들리게 된다. 아침편지는 400만 명에게 무작위로 뿌려지는 글이 아니다. 그날그날 '딱 한 사람'의 대상이 있다. 그 사람의 눈과 마음으로 쓴다. 그 사람의 아픔, 기쁨, 슬픔을 읽어내려 노력한다. 그 출발점은 지구 위의 딱 한 사람, '나' 자신을 깊이 읽어내는 것이다.

스티븐 킹은 미국의 최고 베스트셀러 작가다. 나에게 영감을 준 그의 말이 있다. "나는 글을 쓸 때 베스트셀러를 생각하고 쓰지 않는다. 한 사람에게 편지를 쓰는 마음으로 쓴다." 한 치의 어긋남 없는 내 마음이기도 하다. 딱 한 사람의 대상을 생각하며 쓰는 글, 그것이 아침편지다. 이 책도 바로, 당신, 한 사람의 독자를 생각하며 쓰고 있다.

초점과 핵심은 또렷이 드러내라

말과 글은 다르다. 말에는 때로 군더더기도 필요하다. 그러나 글은 그렇지 않다. 중언부언, 횡설수설, 신변잡담, 수다, 이런 것들은 글에서 금물이다. 초점이 있어야 한다.

글은 하나의 세계다. 이야기다. 어떤 이야기인가? 분명한 초점이 있는 이야기다. 말하고자 하는 목표가 분명해야 한다. 목표가 분명하다는 말은 문장이 분명하다는 뜻이다. 문장이 분명하다는 말은 이야기가 분명하다는 뜻, 초점이 분명하다는 뜻이다.

주제를 그리기

"말하지 말고 보여주라"라는 말이 있다. 그림을 그리듯이 표현하라는 의미다. 글의 주제는 그림 그리듯 보여주는 이야기를 통해서 선명하게 드러난다. 그것이 글의 초점이다. 그림도 글도 그 초점을 잃으면 맛을 잃는다. 이야기의 초점에 불필요한 것들은 모두 걷어내야 한다. 그래서 글에서는 '빼기'가 중요하다고 말한 것이다.

글은 대화

글은 또다른 대화다. 직접대화가 아닌 간접대화다. 작가와 독자의 간접대화. 글로 정리된 작가의 생각이 어느 한 사람, 곧 독자에게 전달된다. 그러므로 전달자에게 잘 전달될 수 있도록 써야 할 책임이 글 쓰는 사람에게 있다.

핵심에 집중하기

재미있는 이야기를 담은 글은 불처럼 활활 타오른다. 한번 붙은 작은 불꽃이 또다른 불꽃으로 이동하며 종횡무진 타오른다. "시간 가는 줄 몰랐다!" "빨려들었다!"라는 느낌이 든다.

그렇다고 두서없는 글이 되어서는 안 된다. 우왕좌왕 갈팡질팡하는 글이 되어서는 더욱 안 된다. 초점에서 벗어나지 않아야 한다. 끝까지 읽고 났을 때 잘 설계된 글이라는 느낌을 주어야 한다. 복잡한 듯하지만 좋은 지도를 보며 제대로 길을 찾아가는 것처럼 읽혀야 한다. 미로를 헤매듯 우왕좌왕하는 것 같았는데 다 읽고 나서 보면 결과적으로 잘 연결된 글이어야 한다.

글 쓰는 사람에게 가장 무서운 일은 읽는 사람이 읽기를 멈추는 일이다. 읽는 사람, 독자가 읽기를 멈추지 않게 하려면 읽는 것이 시간낭비라는 느낌을 주지 않아야 한다. 한 번도 관심을 가져보지 않은 부분이어도 읽는 동안 갑자기 관심을 갖게 하는 글이어야 한다. 전혀 일어나지 않은 일이지만 마치 일어난 듯이 느껴지는 글을 써야 한다.

가끔은 선 넘는 표현으로 자극해라

글에도 격이 있다. 격이 낮으면 독자를 잃는다. 그것을 조심해야 한다. 자극적인 표현에 매달리거나 남발해서는 안 된다. 처음에는 자극적인 글로 독자를 불러올 수는 있다. 그것이 반복되면 독자가 그 작가의 글을 제쳐놓는다. '저 작가의 글은 좀 심해.' 자극적인 글에 몇 차례 낚이다가, 아니다 싶으면 신뢰가 무너진다. 한번 신뢰를 잃으면 독자를 잃게 된다. 아무리 자극적인 낚시글에도 독자가 다시는 걸려들지 않게 된다.

글의 격을 유지하면서도 얼마든지 독자들을 붙잡아둘 수 있다. 다음의 예들이 그러한 장치이다.

경계를 넘나들다

독자를 붙잡아두려면 읽는 사람을 놀라게 해야 한다. "놀라움보다 사람의 마음을 잡아끄는 것은 없다." 신경과학자 조나 레너(Jonah Lehrer)의 말이다.

서커스가 재미있는 이유는 아슬아슬하기 때문이다. 공중에서 바로 떨어질 것 같은 아찔함이 사람들을 불러 모은다. 사자나 곰에게 물릴 것 같기도 한 짜릿짜릿한 맛이 아프리카 자연 공원을 찾게 만든다.

뭔가 미처 상상하지 못했던 일이 벌어졌을 때에 우리는 놀라워한다. '이럴 수가 있을까.' 모든 신경세포가 하나로 몰린다. 사람의 시선을 끌어당긴다.

놀라움 속에는 아슬아슬한 일, 위태위태한 일도 포함된다. 경계선이나 생사를 넘나드는 상황도 놀라움을 안겨준다. 삶과 죽음, 사랑과 미움, 행복과 불행, 전쟁과 평화. 한 끗 차이로 경계선을 넘나드는 주제들이다. 마치 칼날 위를 걷거나 낭떠러지에 매달려 있는 듯한 아슬아슬함, 때로는 갈등으로도 나타나고 내면의 싸움으로 표현되기도 하는 요소들이 우리를 놀라게 한다.

글은 더 말할 것도 없다. 어떤 사람의 극적인 변화, 어떤 상황의 극적인 반전들이 놀라움을 안겨준다. 그 놀라움이 읽는 사람으로 하여금 동공을 열게 한다. 다음 문장으로 쏜살같이 달리게 한다. 다음 이야기가 어떻게 전개될지 궁금해지고 빨려들게 만든다.

파울로 코엘료의 『11분』은 그 짜릿짜릿함과 놀라움의 극치다.

주제부터 자극적이다. 매춘과 성적 욕망이라는 민감한 주제를 전면에 내세웠다. 사랑에 대한 인간의 본성을 솔직하고 도발적인 시선으로 적나라하게 풀어냈다. 더욱 놀라움을 안겨주는 것은 남성 작가가 어떻게 그토록 여성의 성적 감각과 심리를 면도날로 도려내듯, 현미경으로 들여다보듯, 극도의 섬세함으로 풀어헤쳤느냐 하는 점이다.

성과 사랑에 대한 사회적 금기를 마치 혁명처럼 과감하게 깼지만, 그 글이 끝까지 재미있고 의미 있게 읽히는 이유는 무엇일까? 그것은 코엘료의 자극적 성적 묘사가 단순한 육체적 쾌락에 머물지 않고, 성이 인간의 감정적·영적 성장에 어떻게 작용할 수 있는가를 보여주는 깊은 철학적 사유가 그 글에 담겨 있기 때문이다. 그것이 글의 놀라움이다.

『슬픔이여 안녕』을 쓴 프랑수아즈 사강(Francoise Sagan)도 사랑과 도덕적 경계를 넘어선 작가에 든다. 한 젊은 여성이 프랑스 사회의 전통적인 도덕 관념, 성 개념을 과감하게 깨부쉈다. 자신의 끓어오르는 욕망, 자유를 추구하는 모습이 사강의 손끝을 통해 파격적이고 매력적인 문체로 그려졌다. 그보다 더 놀랍고 재미있을 수가 없다.

조지 오웰의 글도 그렇다. 『1984』와 같은 작품에는 전체주의와 억압적 정치권력에 대한 강한 비판이 담겨 있다. 인간의 자유와 기본 권리를 억압하는 사회적·정치적 시스템을 해부하듯 묘사했다. 그 충격이 많은 논쟁을 불러일으켰고 어떤 사람들에게는 불편함을 안겨주었지만, 너무도 현실적이고 날카로운 그의 통찰과 표현력에 독자들은 놀라울 따름이다.

가까운 우리 현실로 돌아와 살펴보자. 〈김어준의 뉴스공장 겸손은 힘들다〉 청취율이 매우 높다. 그 이유 중 하나는 김어준의 발언이 위험 수위의 경계를 넘나들기 때문이다. 한편으로는 조마조마한 마음으로, 한편으로는 시원한 마음으로 듣게 된다. 〈썰전〉이란 프로그램이 한때 사람들의 시선을 끌었던 이유도 패널들의 말이 경계를 넘나들었기 때문이다. 이런 위태로움과 아슬아슬한 상태를 우리는 흔히 '재미있다'고 표현한다.

피할 수 없는 갈등

갈등도 재미의 한 요소다. 갈등을 좋아하는 사람은 없다. 그러나 결코 피해갈 수 없다. 현실에서 피하고 싶은 것들, 떨어져 있고 싶은 것들, 두려운 것들, 할까 말까, 갈까 말까, 그 사이에 갈등이 존재한다. 글은 갈등을 풀어가는 작업이다.

앞에서 말한 조지 오웰의 『1984』는 갈등 구도의 대표적 사례라 할 수 있다. 주인공인 윈스턴 스미스는 독재적 정권에 대항하고 개인적 자유를 갈망하며 끊임없이 내적 갈등을 겪는다. 정치권력에 순응할지, 저항할지 그 선택의 경계선에서 번민하며 행동하는 모습이 읽는 사람에게 긴장감을 불러일으키며 '재미'를 더해준다.

제인 오스틴의 『오만과 편견』에도 갈등의 서사가 가득하다. 두 주인공 엘리자베스와 다아시 사이의 갈등은 오만과 편견에서 비롯된 것이라는 '틀' 속에서 두 인물의 성격과 성장과정을 섬세하게 그려내고 있다.

복선, 결말을 예고하다

글은 복선과 샛길이 있어야 재미있다. 이것을 잘 살려내야 한다. 복선 없는 글은 재미가 없다. 글은 때때로 독자들을 샛길로 데려가야 한다. 엉뚱한 길로 들어서야 한다. 엉뚱한 샛길에서 더 이상야릇한 샛길로 끌고 다니다가 마지막엔 작가가 의도했던 종국의 대로(大路)로 독자를 안전하게 안내해야 한다. 샛길에서 샛길로 마음껏 휘젓고 다녀야 한다.

마음껏 휘젓기 위해서는 복선과 갈등, 부딪침이 필요하다. 갈등이라 해서 현실을 벗어난 '딴 나라'의 이야기여서는 안 된다. 일상에서 얼마든지 만날 수 있는 이야기여야 한다. 예전에 한 번쯤 겪었거나 언젠가 겪을 법한 그런 갈등의 요소들이 이야기로 풀려야 한다. 이때 필요한 장치가 복선이다.

복선의 예로는 F. 스콧 피츠제럴드의 『위대한 개츠비』가 우선 떠오른다. 기억하는가? 개츠비가 데이지와의 사랑을 되찾기 위해 자신이 사는 집을 꾸미고 밤마다 그녀가 지나가기를 기다리는 모습을. 이 모습은 말 그대로 비극적인 결말을 예고하는 복선으로 깔린 것이다.

『해리 포터』 시리즈에도 복선이 넘쳐난다. 여러 장면에서 드러나는 호크룩스의 행동은 후반부 주요 사건에 큰 영향을 미치는 복선들이다. 독자들은 초반부에서 눈치채지 못하다가 그것들이 나중에 밝혀지는 순간, 놀라움과 재미를 얻게 된다.

몰입감을 높이는 반전

소설의 경우 반전과 복선은 필수적이다. 극적인 요소, 재미의 요소가 반전과 복선에 있다. 작가가 배치한 복잡한 단서들이 결말에서 반전으로 드러나며 글 읽는 재미와 놀라움을 안겨준다.

한강의 『소년이 온다』는 반전이 안겨주는 놀라움이 큰 소설이다. 잘 알려진 대로 이 소설은 광주 민주화운동이 배경이다. 처음에는 '이게 뭐지?' 하며 단순한 사건으로 보였던 일들이, 차츰 이야기가 이어지면 그 배경에 숨어 있던 진실들을 드러내기 시작한다. 차마 더 읽어내기 힘들 지경의 잔혹한 진실과 무고한 희생이 밝혀지며 놀라움과 충격의 반전을 안겨준다. 이 같은 반전들은 독자들의 몰입감을 높이고, 그 몰입감은 독자에게 감동과 충격과 재미를 안겨준다.

제목과 이름, 어떻게 지어야 할까

아침편지, 꿈너머꿈, 잠깐멈춤, 깊은산속 옹달샘, 사람 살리는 밥상, 하비(할아버지)책방, 비채(비움과 채움)명상……. 그동안 내 손을 거쳐 탄생한 이름이 무수히 많다. 내가 이름을 지어준 아이들도 많다. 황금비, 이해니, 이다니, 고새나, 고은향, 고은해, 오고은, 손다움 등등이 있다. 깊은산속 옹달샘의 명상 지도자 김윤탁 박사의 아호 '향지'(香地, 향기로운 땅)도 내가 지어드렸다. 내가 기획한 여행 '몽골에서 말 타기'도 내가 아끼는 이름이다. 2003년부터 시작했으니까 22년 넘게 진행해 왔다.

많은 이들이 이런 이름을 들으면 "어떻게 그런 이름을 짓나요?" 하고 궁금해한다. 이름 짓기도 글쓰기와 연관이 있다. 네이밍

(naming)의 핵심은 언어와 의미다. 이를 하나로 압축해 쉽게 확 꽂히는 네이밍이어야 한다.

네이밍은 의미와 '스토리'의 압축이다. 우리 한글은 세계 100개 언어 중에서 가장 압축된 말이다. 해, 달, 별, 땅, 강, 산, 눈, 코, 입, 목, 몸, 손, 발, 밥, 떡, 흙, 풀, 꽃, 소, 말, 콩, 불, 물, 들……. 한 음절짜리 단어가 헤아릴 수 없이 많다. 상형문자도 아닌데 어떻게 이렇게 우리 선조들이 세상 만물을 단 한 음절로 압축해 표현했는지 놀라울 따름이다. 우리 선조들의 사유 체계와 언어 철학은 누군가 깊이 연구해 볼 만한 주제가 아닐까 싶다.

그 압축 능력과 압축 표현이 이름 짓기와 글쓰기로 이어질 수 있다. 상품 이미지를 한마디로 표현하는 카피, 삼라만상 우주의 질서를 한 문장으로 나타내는 시(詩)도 이 압축의 연장선에 있다.

제목에 따라 책 운명이 달라지기도

책 제목도 마찬가지다. 내가 오래전에 낸 첫 책의 제목은 '못생긴 나무가 산을 지킨다'였다. 고맙게도 베스트셀러가 되어 2권까지 내게 됐다. 여기에도 스토리가 있다. 나의 대학 시절 별명이 '못생긴 남자' 줄여서 '못남'이었다. 이 별명을 한 넉살 좋은 친구가 '이조사(이주일과 조영남 사이)'로 진화시켰다. 당시 가장 못생겼다 여겨졌던 추남 연예인들의 이름을 빌린 것이다. 그리고 그것이 '못생긴'이라는 구절로 책 제목에 들어갔다.

어느 날 한 스님이 '굽은 나무가 선산을 지킨다'는 법문을 펼치면서 이렇게 말했다. "산에 나무가 많은데 그중 잘생긴 나무는 먼저 잘려서 목재로 쓰이고, 그다음 나무도 잘려서 서까래로 쓰이고, 못생긴 나무들은 남아서 큰 산을 이룬다." 이 구절에 꽂혀서 『못생긴 나무가 산을 지킨다』라는 첫 책을 낸 것이다. 그때부터 나무에 대해 관심을 갖게 됐고, 그다음에 낸 책 제목이 '나무는 자신을 위해 그늘을 만들지 않는다'였다. 명지대학교에서는 이 제목을 그 학교의 로고로도 썼다.

제목 하나로 더 유명해진 책도 많다. 무라카미 하루키가 쓴 『상실의 시대』의 원제는 '노르웨이의 숲'이었다. 처음에는 별로 뜨지 않았다. 그러나 이 책을 한국어로 번역하면서 제목을 '상실의 시대'로 바꾼 것이 크게 성공하는 계기가 됐다. 『이윤기의 그리스 로마 신화』도 단순하지만 선명한 제목 덕분에 많은 독자들에게 회자될 수 있었다.

이름을 지을 때 기본원칙

내가 이름을 지어준 아이들 중에는 앞에 소개한 '황금비'라는 아이가 있다. 건축사 일을 하는 황진하 님과 박민희 님이 15년 전 내가 진행했던 '샹그릴라 티벳 명상 여행'에 참여했다. 신혼여행을 겸한 것이었다. 이때 잉태한 아이의 이름을 지어달라 내게 부탁했는데, 그때 떠오른 산이 '메이리쉐산(梅里雪山)'이었다.

메이리쉐산은 티베트 사람들이 성산(聖山)으로 여기는 고산(高山)이다. 지금까지 등산인의 발걸음을 허용하지 않은 산이다. 이 곳에는 일곱 개의 주요 봉우리가 있는데, 백두산의 천지연처럼 좀처럼 자신의 자태를 드러내주지 않는 산으로도 유명하다. 일본의 한 사진작가는 일곱 차례에 걸쳐 메이리쉐산을 찾았으나 끝내 촬영하지 못했다고 한다.

그런데 티베트 명상 여행을 위해 현지에 도착한 첫날 아침 당시, 우리는 아침 햇살이 메이리쉐산의 일곱 봉우리에 황금비처럼 내리고 있는 듯한 일출 광경을 보게 됐다. 그 경이로운 풍경을 함께 보았던 신혼부부가 앞으로 태어날 아이의 이름을 부탁했을 때, 내 머릿속에는 그 아름답고 신비로웠던 장관이 떠올랐다. 마침 아빠의 성도 '황'이었기에 '황금비'라는 이름을 금방 떠올릴 수 있었다.

그러면서 나는 그 이름에 담긴 세 가지 의미를 덧붙여 주었다. 첫째는 그 산에서 얻은 아이이니 아이를 볼 때마다 그 영험한 산을 생각하라는 의미였다. 둘째는 황금비율을 가진 아름다운 여인이 되라는, 셋째는 황금이 비처럼 쏟아져 내리듯 이왕이면 부자가 되라는 뜻이었다.

나의 딸인 '고새나'는 아내가 두 번의 유산 끝에 고생해서 낳은 아이이니 '살아서 새로 나왔다'는 뜻이고, 아침지기(아침편지를 지키는 등대지기)들 중 한 명의 두 딸인 '이해니' '이다니'는 태명인 '햇님' '달님'에서 받침을 빼고 한글로 지어준 이름이다.

내가 이름을 지을 때에는 나름의 기본원칙이 있다. 되도록 우리말이면 좋겠다, 아름다운 한글이면 더 좋겠다, 드문 이름이면 더더욱 좋겠다. 부르기 쉬운 이름이면 또 좋겠다, 부르면서 기운이 더 좋아지는 이름이면 더더 좋겠다는 것이다.

  깊은산속 옹달샘 '명상의 집'에 '비채방' '천채방' '숯채방'이라는 이름의 공간이 있다. 비채방은 '비움과 채움, 그리고 빛의 방'이라는 뜻이 담겨 있다. 천채방은 '하늘의 기운, 천년의 꿈으로 채워진 공간'이라는 뜻이고, 숯채방은 '사방의 벽이 숯으로 채워졌다'는 뜻이다.

  '옹달샘 카페'에서는 '비채 커피'도 판다. 역시 '비움과 채움'이라는 뜻이 담겨 있다. 그리고 그 비채 커피를 담아 마시는 찻잔에는 "나를 비우고 너를 채운다"라는 카피가 박혀 있다. 단순히 커피를 마시는 게 아니라 '나'를 비우고 '너'를 채우는 명상도 함께 하자는 뜻이다.

단문 쓰기, 다시 쓰기, 고쳐 쓰기

글쓰기는 단문, 곧 짧은 글에서 시작하는 것이 좋다. 요즘 SNS를 보면 수많은 형태의 태그를 접하게 된다. 태그의 핵심은 '짧다'는 데 있다. 짧지만 그 안에 많은 내용을 담아야 한다. 사람의 시선을 끌어당겨야 한다.

글쓰기를 위해서는 한마디로 짧게 압축된 태그를 다시 짧은 한 문장으로 전환시키는 훈련이 필요하다. 단문을 쉽게 쓰는 것도 큰 기술이다.

특히 요즘 젊은 독자들에게 쉽게 읽히도록 하기 위해서도 단문이 중요하다. 아침편지는 단문의 강자(強者)다. 짧은 네댓 문장 안에 기승전결이 있다. 길지 않고 짧게 쓰면서도 압축적으로 그날그날의 정서를 드러낸다.

  단문의 출발점은 키워드와 단어다. 선명한 키워드를 먼저 생각하고 그에 맞는 단어선택이 중요하다. 내가 쓰고자 하는 문장의 키워드에 가장 적절하고 정확한 단어가 무엇인지, 그 단어들을 어떻게 연결하여 뜻을 담을지 끊임없이 연구하고 고민해야 한다.

  그다음에 핵심 메시지만 남기고 부차적인 설명은 과감히 제거하고, 군더더기를 최대한 없앤다. "하는 것 같다" "…라고 생각한다" "물론" 같은 불필요한 말이나 단어를 과감히 없앤다.

  글은 통나무를 패는 것과도 같다. 통나무는 장작으로 잘게 패야 아궁이에 넣을 수 있다. 통나무를 통째로 받을 때에는 어디에 쓸지 몰랐던 사람이 잘 쪼개진 장작을 받으면 서슴없이 벽난로에 던져 넣게 된다. 통나무를 패는 일도 기술이다. 얼마나 정교하게, 얼마나 쓸모 있게, 얼마나 각이 지게 패는가. 이 또한 연습과 훈련이 필요하기 때문이다.

  도끼로 통나무를 패는 행위가 다시 쓰기와 고쳐 쓰기다. 글은 그냥 이야기가 아니다. 수정된 이야기다. 다듬은 이야기이고 고쳐진 이야기다. 얼마든지 고치고 다듬을 수 있다.

  '고쳐 쓰기'에는 두 가지 방법이 있다. 하나는 글을 쓰면서 중간 중간 고쳐 쓰는 방법이고, 다른 하나는 일단 끝까지 완성된 다음에 고쳐 쓰는 방법이다. 그렇게 다시 쓰고 고쳐 쓰면서 이야기를 완성시킨 결과가 '글'이다. 남에게 선보이는 글, 책으로 펴내는 글은 그냥 글이 아니다. '고쳐 쓴 글'이다. 이 고쳐 쓰기를 즐길 수 있어야 한다.

헤밍웨이는 『무기여 잘 있거라』를 서른아홉 번 고쳐 썼다고 한다. 대통령 연설문도 중요한 글은 적어도 다섯 번에서 많게는 열 번 넘게 고쳐 써야 한다. 내가 매일 쓰는 아침편지도 최소한 다섯 번 이상 고치고 다시 쓴 뒤 발송된다.

다시 쓰기와 고쳐 쓰기를 다른 말로 표현하면 '글다듬기'다. 글쓰기를 즐기라는 말은 '글다듬기를 즐기라'는 말과도 통한다. 글을 다듬는 일을 즐겁고 행복한 과정으로 여겨야 한다. 매일 아침편지를 쓰는 것은 고통이지만 하루에 수없이 반복해서 글을 다듬고 손질하는 과정이 나에게는 더없이 즐겁고 행복한 시간이다. 이 행복감이 없으면 힘들고 지쳐서 쓰지 못한다. 그런 만큼 글을 잘 다듬어야 한다. 잘못 다듬으면 손대지 않은 것만 못하다.

'글은 불과 수학의 결합'이라고 앞서 말했다. 여기에 양념을 추가해서 글맛을 내는 훈련이 필요하다는 말도 했다. 그 모든 것은 수정 작업, 곧 글다듬기를 통해서 가능해진다. 그것이 퇴고와 수정이다. 좋은 글일수록 수많은 퇴고와 수정을 통해서 완성된다. 남의 글을 수정해 보는 일도 좋은 훈련 방법이다.

《뿌리깊은나무》 기자 생활 5년 동안 나는 매일매일 남의 글을 고치고 다듬는 훈련을 반복했다. 대통령 연설문을 쓰는 5년 동안에도 정말 수없이 고치고 또 고치고, 다듬고 또 다듬는 퇴고 작업을 즐겼다. 그러다 보니 어느덧 '고도원체'가 만들어졌다. 그것이 나중에 내 인생의 도끼가 되고 장작이 되었다. 그 장작의 하나가 '고도원의 아침편지'다.

글을 다듬을 때

남의 글을 다듬을 때 주의해야 할 점이 있다. 내가 《뿌리깊은나무》에서 익혔던 몇 가지 기준이 있다.

조리 있게 고쳐라

조리 있게 고치라는 것은 글의 줄거리가 분명해야 한다는 뜻이다. 그가 쓰려고 한 내용을 충분히 썼는가. 충분히 쓴 것 같기는 한데 중언부언한 부분은 없는가. 혹시라도 무엇을 쓴 것인지 초점이 없거나 애매한 부분은 없는가. 사실과 맞지 않는 부분은 없는가. 필요 없는 말, 줄여도 될 부분은 없는가. 문법에 꼭 맞는 말을 썼는가. 이런 부분이 글다듬기를 하면서 새겨야 할 대목들이다.

술술 읽히게 다듬어라

쉽고 재미있고 매끄럽게 고쳐라. 어려운 단어, 복잡한 문장을 피하고 누구나 이해하기 쉬운 표현을 사용하라. 긴 문장은 독자들이 이해하기 어려울 수 있다. 두 개, 세 개의 문장으로 나누어 독자들이 따라오기 쉽게 고쳐라. 전문용어를 되도록 피하되 불가피할 경우 쉽게 풀어 설명하라. 같은 단어나 어휘가 반복되는 글은 좋지 않다. 비슷한 의미의 다른 단어로 대체하는 것이 좋다. 다양한 단어와 어휘는 읽는 재미를 높이고 집중력을 갖게 하는 데 도움이 된다.

흐름을 잡아라

문장은 흐름이다. 막히거나 걸리는 곳 없이 술술 읽히게 써라. 무슨 말인지 헷갈리는 부분이 없어야 한다. 첫 문장이 다음 문장으로 자연스럽게 연결되는지, 각 단락 간의 연결도 자연스러운지 살펴보라. 주제와 직접 관련이 없는 부분은 과감히 빼라. 핵심 내용이 아닌 부분이 길어지거나 엉키면 독자들이 흐름을 놓치기 쉽다. 글 전체의 논리적 흐름이 매끄러운지 확인하라.

독자 입장에서 재점검하라

독자의 입장에서 다시 읽어보라. 글의 의미와 흐름이 정확하게 전달되는지, 독자의 입장에서 쉽게 이해할 수 있는지, 넘치거나 부족한 설명은 없는지 점검하라.

오탈자와 비문을 잡아라

문법과 맞춤법을 꼼꼼히 살펴 고쳐라. 오탈자, 문법에 틀린 표현은 글의 신뢰도를 뚝 떨어뜨릴 수 있다. 수정과 퇴고 과정에서 맞춤법 검사기를 사용하는 것도 한 방법이다. 아무리 긴 글, 아무리 두꺼운 책이라 해도 단 하나의 오탈자나 문법적 오류가 없어야 한다.

시간을 두었다가 다시 읽어라

고친 글을 내던져두고 얼마쯤 시간을 보낸 뒤에 다시 읽어라. 내가 가장 좋아하는 방법이다. 열심히 다듬어서 완성한 최종본을 한

참 뒤에 다시 읽으면 전혀 새로운 관점에서 손댈 일이 생긴다. 놓쳤던 부분도 새롭게 보인다.

다시 요약하면 다음과 같다. 잘 메모해서 책상이나 벽에 붙여놓고 늘 참고하길 바란다.

① 복잡한 표현 피하기
  어려운 단어와 긴 문장을 피하고, 쉽고 간결하게 써라.
② 쓸데없는 문장 빼기
  주제와 관련 없는 불필요한 내용은 과감히 삭제하라.
③ 독자의 입장에서 다시 읽기
  처음 읽는 독자가 이해하기 쉽게 쓰였는지 살펴보라.
④ 논리적 흐름 살피기
  문장과 단락의 연결이 자연스럽고 매끄러운지를 보라.
⑤ 맞춤법, 문법, 오탈자 점검하기
  이것들을 '목숨 걸고' 꼼꼼히 살펴라.
⑥ 반복 표현 없애기
  같은 단어나 표현을 피하고 다양한 어휘를 구사하라.

나만의 문체, '고도원체'를 갖게 되기까지

《뿌리깊은나무》 기자 생활 5년, 이 시기가 나만의 틀과 나만의 서체를 갖게 된 시간이었다. 나의 글 쓰는 인생에 불과 수학과 양념을 잘 버무릴 수 있는 좋은 기회가 됐다.

《뿌리깊은나무》에서 만난 좋은 멘토 한 분이 계신다. 돌아가신 고(故) 한창기 사장이시다. 남다른 분이었다. 전라남도 벌교에서 태어나 서울대 법대를 나왔으나 판검사나 법률가의 길을 가지 않고 문화사업에 눈을 돌렸다. 브리태니커 백과사전 세일즈맨이 됐고, 세계에서 가장 많이 판 사람이 됐다. 그 성공을 발판으로《뿌리깊은나무》를 창간했다. 1970년대 후반의 이야기다.

한창기 사장이 대학 졸업장도 없는 나를 기자로 채용했다. 정말 행복했다. 정말 감사했다. 내가 거듭 하는 말이지만, 첫 월급을 받을 때의 심정은 "아니 이렇게 행복한데 돈까지 주네" 하는 마음이었다. 나는 누구보다 부지런했고 누구보다 열심히 뛰는 기자가 됐다.

《뿌리깊은나무》에는 '뿌리깊은나무식 문체'가 있었다. 이 문체는 《뿌리깊은나무》의 독특한 편집 방식과 연관이 있었다. 필자들이 보내온 모든 글을《뿌리깊은나무》기자들이 고치고 다듬어서 잡지를 내는 방식이었다. 누구의 글이든, 아무리 유명한 작가의 글이라 해도 기자의 손을 거쳤다. 한마디로 '뜯어 고치는' 작업이었다. 시와 소설을 제외하고는 모든 글을 기자들이 다듬고 수정했다. 어느 경우에는 두 번, 세 번, 다섯 번, 열 번까지 고쳐 썼다. 이것이 나에게는 엄청난 훈련이 됐다.

어떤 필자들은 불같이 화를 냈다. 원고를 쫙쫙 찢어 던지고 가버린 필자도 있었다. 그런데도 한창기 사장은 그 방식을 고집했다. 돌이켜보면 이것이 나에게는 일생에 다시없을 글쓰기 훈련이 됐다. 대한민국의 내로라하는 필진들의 글을 다듬는 것은 송구스럽고 두려운 일이기도 하지만 더없이 큰 공부가 됐다.

더 중요한 시간은 한창기 사장의 '글공부 시간'이었다. 잡지가 한 달에 한 번 나오는데, 책이 나오면 일주일 동안 그분이 직접 편집실에 와서 글공부를 이끌었다. 한창기 사장과 기자들이 함께 모여 이미 활자화된 잡지를 읽어가며 "이 문장은 더 좋은 문장, 더 쉬운 글로 바꿀 수 없을까?" "더 아름다운 우리말로 바꿀 수 없을까?"를 묻고 답하며 함께 글을 다듬었다. 한창기 사장은 일본식 표현을 가장 싫어했다. '—에 의하면'이라고 쓰면 노발대발했다. 영어 번역식 표현도 싫어했다. 아름다운 우리말, 군더더기 없는 우리말을 쓰도록 이끌었다.

매달 일주일 동안 진행됐던 그 글공부 시간이 나에게는 선물과도 같은 시간이었다. 한창기라고 하는 멘토가 계셨기 때문에 가능한 일이었다. 그때 나에게는 어렴풋한 꿈이 있었다. '이 아름다운 문장, 군더더기 없는 글로 무언가 좋은 일을 해야겠다, 언젠가 해봐야겠다'. 그때는 이메일이 없었던 시절이지만, 아마도 '고도원의 아침편지'는 그때 내 깊은 곳에서 움튼 게 아닌가 생각된다.

이 글공부 시간을 못 견디면 《뿌리깊은나무》 기자로 붙어 있지 못했다. 붙어 있을 수가 없었다. 그렇지만 나는 신이 났다. 그렇게 3년쯤 지나고 나니 '고도원체'가 생겨났다. 당시 경희대 학생들이 나에게 와서 "저희 학교에 고도원체를 연구하는 동아리가 생겼습니다"라는 이야기를 했다. 고도원의 글이 쉽고, 편안하고, 따뜻하고, 맛깔스럽고, 옆에서 이야기하듯 하고, 깊은 맛이 있고, 고심하고 쓴 느낌을 주고, 감성과 질감이 있고…… 그러면서 긍정적이고 희망적이고……. 이런저런 평가들을 하고 있다는 말을 들었을 때 내 가슴에 작은 전율이 일었다.

《중앙일보》 기자 시절에도 좋은 글쓰기 멘토를 만났다. 나보다 한참 선배인 문병호 기자였다. 우리는 그를 '문초'라고 불렀다. '초를 잘 친다'는 뜻이 담겨 있지만 비하하는 의미는 아니었고 오히려 명예로운 별명이었다.

《뿌리깊은나무》기자를 하다 일간신문 기자를 하게 되니 부딪치는 문제가 한둘이 아니었다. 잡지기자는 대체로 긴 글을 쓴다. 절제된 6하원칙보다 전체 흐름을 중요하게 여긴다. 그런데 신문기사는 짧고 명확해야 한다. 특히 스트레이트 기사는 군더더기 없는 간결한 글이어야 한다. 하지만 나는 긴 글에 익숙한 체질이 되어 있었다. 한 기사를 50장, 100장 이어가는 장강(長江) 같은 글이 6하원칙의 간결한 스트레이트 기사보다 쓰기 쉬웠다.

이것을 어떻게 빠른 시간에 극복하느냐가 가장 큰 숙제였는데 그때 도움을 준 사람이 '문초'였다. 내가 잡지기자의 때를 벗지 못한 채로 기사를 써서 그에게 넘기면 그는 나의 글에서 군더더기들을 걷어내고, 6하원칙에 입각한 깔끔한 기사로 고쳐주었다. 나는 그 글을 내 수첩에 베껴 옮겨놓고 암기하다시피 했다.

그리고 문병호 선배가 쓴 기사를 죄다 찾아내 숙독했다. 그 글을 읽고 또 읽고 또 읽었다. 보이지 않는 행간까지 읽으려고 노력했다. 신문기사의 글을 어떻게 풀어가는지 흐름도 보고 거기에 나만의 빛깔과 맛과 향을 입혔다. 짤막한 글을 어떻게 맛깔스럽게 쓸 수 있는지도 연구했다. 그러다 보니 어느 순간 나는 '고초'라고 불렸다. '문초'에 이어 나에게도 명예로운 별명이 생긴 것이다. 그래서 똑같은 스트레이트 기사인데도 "고도원이 쓰는 기사는 좀 달라" "이 기사는 틀림없이 고도원이 쓴 거야"라는 말을 듣게 됐다.

한 음악가로부터 이런 말을 들은 적이 있다. "음악적 재능이나 발성이 됐다고 해서 모두 가수가 되는 것은 아니다. 자기 목소리가 있어야 한다." 글에도 그대로 적용되는 말이다. 자기만의 목소리와 자기만의 서체를 담는 것, 뻔한 것 같은데 뻔하지 않게 쓰는 것, 매우 중요한 요소다. 그것이 자기 글이다. 자기 목소리를 내야 한다. 처음 듣는 소리여야 한다. 죽은 소리가 아니라 살아 있는 소리여야 된다.

같은 주제라도 어떤 사람의 손을 거치느냐에 따라 글의 뜻과 맛과 향이 달라진다. 그 사람의 체취가 배어나는 것이다. 글 쓰는 사람이 자기만의 문체를 갖는 일은 획기적이다. 명실공히 작가의 반열에 올랐다는 뜻도 된다.

셰익스피어, 톨스토이, 도스토옙스키, 헤밍웨이 모두에겐 그만의 문체가 있다. 몇 문장만 읽어도 누가 썼는지를 바로 알 수 있다. 예를 들어 『노인과 바다』를 쓴 어니스트 헤밍웨이의 문체는 직설적이고 군더더기 없이 간결하다. 짧은 문장과 일상에서 쉽게 만날 수 있는 단순한 어휘를 사용하는데, 아마도 이것은 그가 종군기자로 일한 경력에서 비롯된 게 아닌가 생각한다.

『변신』을 쓴 프란츠 카프카는 초현실적인 문체로 사람의 시선을 휘어잡는다. 그는 인간의 근원적 불안과 고독과 소외감을 초현실적 상황의 서술로 풀어낸다. 이따금 기이하고 기괴한 느낌을 주기도 하지만 바로 그것이 카프카 문체의 매력이다.

『등대로』 등을 쓴 버지니아 울프는 감각적인 내면 묘사에 능하다. 사람의 의식의 흐름을 세밀한 터치로 풀어내며, 특히 여성의 정서와 심리를 섬세하게 그려낸다.

『데미안』과 『싯다르타』를 쓴, 내가 중고등학생 때부터 너무도 좋아했던 헤르만 헤세는 쉽고 풍부한 묘사의 대가다. 그를 통해 자연과 인간의 내면을 서정적인 필체로 그려낸다. 무엇보다 그의 글은 아름답다. 그러면서도 강렬하고 깊은 여운을 준다.

『토지』를 쓴 박경리, 『혼불』을 쓴 최명희, 『칼의 노래』를 쓴 김훈도 내가 좋아하는 문체를 가진 작가들이다. 『채식주의자』와 『소년이 온다』를 쓴 한강 작가는 더 말할 것도 없다.

이들에게는 공통점이 있다. 그것은 내가 《뿌리깊은나무》에서 익힌 문체와도 연결된다. 아름다운 우리 한글을 쉽게, 간결하게, 세밀하게, 꽉꽉 채워 넣은 글이라는 점이다. 자기만의 문체를 만들기 위해서는 자기가 좋아하는 대가들의 문체를 베껴 쓰며 모방하는 시간도 필요하다.

이런 세계적인 문호나 유명 작가들의 글을 부지런히 읽고, 또 읽고, 베껴 쓰고, 모방하면서 '자기 목소리'를 내는 연습이 자기 문체를 만드는 지름길이다. 하루라도 일찍 시작하는 것이 좋다.

4장

매일 글 쓰고 독서하는 습관

'글 쓰는 사람'부터 되라

 글을 쓰는 환경은 최근 들어 비약적으로 발전했다. 가히 천지개벽의 수준이다. 학생기자나 문예반에 들지 않아도 글 쓰는 환경에 얼마든지 자신을 노출시킬 수 있는 세상에 살고 있다. SNS(페이스북, 블로그)는 물론 브런치나 스팀잇 같은 글쓰기 플랫폼도 많아졌다. 이런 시대에 살고 있는 자체가 하나의 축복이다.

 다만 글 쓰는 재능이나 기술이 없는 사람에게는 고역이다. 짤막한 SNS 글에서조차 그 사람의 글쓰기 재능이 고스란히 드러나기 때문이다. 글 한 줄에서 그 사람의 독서량, 지적 수준, 사유 체계가 숨김없이 노출된다. 그러나 낙심할 필요는 없다. SNS를 잘 활용해서 글쓰기를 매일 열심히 반복하다 보면 자신도 모르는 사이에 놀라운 발전을 이룰 수 있기 때문이다. 중요한 것은 습관이다. 글쓰기 루틴이다. 뛰어난 작가들도 대부분 그런 과정을 거쳤다.

나의 글쓰기 루틴은 '고도원의 아침편지'로 시작된다. 이른 새벽에 일어나 맑은 정신으로 아침편지를 쓰는 일이 나의 루틴이다. 이런 루틴이 나에게 주어졌음에 더없이 감사하다. 그렇지만 아침에만 글을 쓰는 것은 아니다. 점심 때, 저녁 때에도 쓴다. 일정한 시간이 없다.

물론 정신이 맑을 때만 글을 쓰진 않는다. 슬플 때, 기쁠 때, 외로울 때에도 글을 쓴다. 그때 쓰는 글이 나를 위로해 주고, 나를 견디게 해준다.

시간이 날 때만 글을 쓸 수 있는가? 그렇지 않다. 시간이 도무지 나지 않을 때조차 글을 쓸 수 있다. 글쓰기는 우리의 바쁜 일상에서 '잠깐 멈춤'의 시간을 허락한다. 그러므로 언제든지 글을 쓸 수 있다. 그래서 글은 그 사람의 삶이고 일상이다.

매일 글쓰는 사람들

기자는 매일 글을 쓰는 사람이다. 그것이 직업이다. 과거에 나도 기자 직업을 가졌다. 작가도 매일 글을 쓰는 사람이다. 그것이 작가다. 지금의 나도 매일 글을 쓴다. 글을 쓰는 사람에게 반드시 뒤따라 오는 게 있다. 고통이다. '기사를 안 쓰면, 기자는 가장 행복한 직업'이라는 말도 있다. 글을 매일 쓰는 일은 고통이고, 그만큼 어렵다는 의미이다.

작가와 기자는 습관처럼 매일 글을 쓰는 사람들이다. 작가나 기자가 아니더라도 글을 쓰고자 하는 사람은 '습관처럼' 매일 글을 써야 한다. 일상화된 그 루틴이 언젠가 빛을 보게 될 날이 있을 것이다. 주제나 소재가 무엇이든지 글 쓰는 일을 습관처럼 루틴으로 삼아야 한다.

학생이면 교지나 교내신문, 직장인이면 사보에 글을 써보라. 신문, 잡지, 출판사에 기고하는 방법도 있다. 자기가 쓴 글을 보낼 수 있는 곳이 생각보다 많다. 퇴짜 맞아도 괜찮다. 자꾸 도전하다 보면 어느 날 고액의 원고료가 주어지는 청탁서를 받을 수도 있다. 그러면 '글쟁이'의 길이 열린다.

대학 시절 나는《샘터》라는 잡지에 기고한 적이 있다. 그 글이 나간 뒤 500통이 넘는 팬레터를 받았다. 그리고 여러 곳에서 다양한 형태의 원고 청탁서를 받았다. 그 일이 나로 하여금 글에 대한 자신과 즐거움을 갖게 했다.

가능하다면 자기가 속한 조직에서 '기자'가 되라. 작가가 되라. 그렇게 5년만 투자하면 문리가 트인다. 나도 기자 생활을 5년 하고 나서 문리가 텄다. 5년 이전에는 기사를 써야 잠이 들었다. 써놓지 않으면 잠이 들지 않고 계속 생각이 꼬리를 물어 괴로워했다. 그러나 5년이 지나고 나니 잠을 먼저 자고 나서 더 맑은 정신으로 기사를 쓰게 됐다. 쓰는 데 1시간이 필요한 기사라면 그 1시간 전까지 푹 자다가 일어나 썼다.

요즘 같은 인터넷 시대에는 자기 글을 드러낼 수 있는 기회가 더 많아졌다. 엄청난 기회의 창이 열려 있는 것이다. 이런 기회의 창을 십분 활용하라. 어느 날 작가의 문이 열릴 것이다. 작가가 아니더라도 최소한 자기 치유, 자기 행복을 맛볼 수 있다. '시민 기자'를 해보는 것도 좋다. 그조차도 안 되면 부지런히 연애를 하라. 열심히 사랑하며 연애편지를 써라.

사랑하는 일조차 어려우면 관찰기나 체험기를 써보라. 개를 키우는가? 꽃을 기르는가? 등산을 좋아하는가? 여행을 즐기는가? 그날그날의 체험을 글로 써보라. 그날그날의 소감, 그날그날의 변화를 글로 적어라. 관찰과 변화와 소감만이라도 일정 기간 습관처럼 쓰면 나중에 '좋은 책'의 저자로 등극할 수 있다.

글도 자란다

글 쓰는 습관의 시작은 메모다. 자나깨나 적는 버릇, 거기에서부터 글 쓰는 습관은 시작된다. 말은 눈(雪)과도 같다. 메모는 눈뭉치와도 같다. 작은 눈송이들을 한 줌 모아 뭉치를 만들어 굴리면 굴러가면서 커진다.

글도 이와 같다. 메모를 여러 번 하다 보면 눈덩이처럼 커진다. 생각지도 못했던 이야기가 터져 나오고 전혀 다른 모습의 형태로 커진다. 살이 붙고 재미가 더해진다. 살아서 꿈틀대는 글이 되고 어느 단계에 이르면 그것이 소설이 되고 책이 된다.

개그맨 김병만의 성공에는 그의 아이디어 노트가 한몫했다고 한다. 무엇이든 적는 버릇이 그를 성공으로 이끈 것이다. 그는 선배들이 연기에 대해 이야기하면 꼬박꼬박 적었고, 일기도 빠짐없이 썼다. 동료 개그맨과 대화할 때에도 열심히 메모했고, 코너에 대한 아이디어도 떠오를 때마다 기록해 두었다. 그 노트는 훗날 그의 인생에 정말 큰 도움이 됐다고 한다.

나처럼 글을 쓰는 사람에게도 메모 습관은 거의 모든 일의 시작이다. 적으면 남고 적어두지 않으면 날아간다. 그래서 메모장이나 노트를 보면 그 사람의 글이 보인다. 그 사람의 미래가 보인다. 생각이 떠오를 때 메모해 두라. 그렇지 않으면 다 날아가고 만다. 다시 붙잡히지 않는다.

생각은 잡아둘 수 없다. 결국 적어놓는 글만 남는다. 기억은 오래가지 않는다. 사전에서 발견한 좋은 단어, 책에서 읽은 좋은 문장도 메모해 두라. 잠결에 솟구치는 생각도 적어놓아라. 시간이 없을 때는 우선 키워드만이라도 메모하라. 그리고 그 키워드에서 눈덩이처럼 커지는 또다른 생각을 빠짐없이 적어놓아라. 이 모든 메모가 글쓰기의 재료가 되고 자산이 된다.

글도 자란다. 글솜씨, 필력도 자라난다. 가장 나중에 쓴 글이 가장 잘 자란 글이다. 이 말은 어제보다 오늘, 오늘보다 내일 더 좋은 글을 쓸 수 있다는 뜻도 된다.

나만의 글쓰기 리추얼

글 쓰는 것은 자기 자신에게 편지를 보내는 일과도 같다. 하루를 시작할 때, 집에 돌아와 하루를 마감할 때, 그날그날 나의 여행기를 쓴다고 생각하라. 30분이든 1시간이든 매일매일 글로 기록하는 습관을 들이면 손끝에 영감이 붙게 된다. 손이 생각을 따라가게 된다. 그러다 보면 어느 순간 손이 생각보다 먼저 가는 것을 느끼게 된다.

필기구부터 조명까지, 나만을 위한 글쓰기 환경을 만들어보는 것도 좋다. 매일매일의 글쓰기 리추얼을 만드는 데 도움이 될 만한 몇 가지 방법이 있다.

하루 한 편, 나만의 아침편지 쓰기

고요하게 하루를 여는 글이라 생각하라. 한 줄도 좋고 두 줄도 좋다. 안 되면 몇 개 단어나 키워드만으로도 충분하다. 눈을 뜨자마자 떠오르는 생각과 느낌과 감정을 노트에 적어보라. 한 편의 짤막한 시처럼, 자유로운 산문처럼.

일기 쓰기

매일 두 번씩 일기를 써보라. 하루의 열고 닫음을 글로 풀어낸다고 생각하라. 아침에는 생각나는 대로 대충 써도 좋다. 완전한 문장이 아니어도 괜찮다. 저녁에는 보다 더 깊이 생각하고 써보라. 아침에 쓴 글을 다시 정돈된 문장으로 완성한다는 마음으로 적어보라.

책 읽고 밑줄 긋기

책을 읽을 때는 마음에 드는 구절에 반드시 밑줄을 그은 뒤 그것을 별도의 독서 카드에 옮겨 적어라. 짤막한 독후감, 서평을 남겨라.

필사하기

『성경』이나 『불경』, 소설이나 시집까지, 필사할 수 있는 책은 무궁무진하다. 필사할 때에는 베껴 쓰는 그 문장에 집중하라. 암기하려 할 필요는 없다. 그냥 집중하라. 그러면서 그 문장의 행간을 읽어내라. 문장 너머의 뜻이 무엇인지, 그 뜻이 오늘의 나에게 어떤 의미로 다가오는지를 포착하라. 그리고 잊어버려라. 그저 열심히 베껴 써라.

꿈 노트 만들기

꿈에는 놀라운 원리가 있다. 적어놓으면 언젠가 현실이 된다는 점이다. 하고 싶은 것, 바라는 것. 어떤 꿈이든 적어놓아라. 그것이 이루어졌다고 생각하고, 그 너머에 있는 '꿈 너머 꿈'까지 적어라. 꿈은 기록에서 움튼다. 꿈 노트에 적어놓은 것들이 언젠가 현실이 되는 놀라운 경험을 하게 될 것이다.

SNS 활용하기

인스타그램에서 브런치, 스레드에 이르기까지 자기만의 글쓰기 환경을 만들어 잘 활용해라. 다양한 글쓰기 플랫폼이 있는 시대에 살고 있는 현실은 축복이다. 그 축복을 내 것으로 만들어라.

말하기를 글쓰기로 연결하라

　말하기를 글쓰기에 활용하는 일도 글쓰기 훈련의 한 방법이다. 말과 글은 하나다. 그래서 '언어'라 일컫는다.
　말과 글, 무엇이 먼저일까? 당연히 말이 먼저다. 인류는 글이 있기 전부터 말을 했다. 어린아이도 말을 먼저 배운다. 글은 그다음이다. '말을 잘하는 사람은 글을 못 쓰고, 글을 잘 쓰는 사람이 말은 못 한다'는 통설이 있다. 그런 면도 없지 않으나 이름난 소설가들은 대부분 입담이 좋다. 말을 잘하고 이야기를 재미나게 하는 사람이 글을 쓰면, 그의 글 또한 유려하고 재미있게 마련이다. 그런 점에서 글쓰기 훈련은 말하기 훈련에서부터 시작된다고 할 수 있다.
　말하기의 정점은 연설이다. 연설을 잘하는 사람에게 우리는 '웅변가'라는 칭호를 안겨준다. 웅변가로 전설적인 인물이 있다. 마르쿠스 툴리우스 키케로(Marcus Tullius Cicero)다. 키케로는 청년 시절「발상에 대하여(De inventione)」라는 글을 썼고 나중에『연설에 대하여(De Oratore)』라는 책을 썼다. 키케로는 이 책에서 이렇게 말했다.

말을 할 때 나는 아주 초조해진다. 연설을 할 때마다 내 능력뿐 아니라 나의 성격과 명예까지 의식하지 않을 수 없다. 내가 할 수 있는 것 이상을 말해서 무책임하게 비쳐지거나 내가 할 수 있는 것 이하를 말해서 불성실하게 보일까 봐 두렵다.

연설은 단순한 말이 아니라 이야기다. 자신이 걸어온 삶을 한 인간이 이야기로 잘 풀어내면 최고의 웅변이 될 수 있다. 웅변은 말을 이야기로 풀어내는 기술이다. 웅변은 곧 그 사람의 삶이고 그 삶이 곧 그 사람의 웅변이다. 그 사람의 능력이고, 성격이고, 명예다. 그의 모든 것이다. 그 웅변이 종국에는 글로 기록되어 후세에 전달된다.

그러므로 철저하게 준비해서 책임감 있게 말하고, 궁극에는 자신의 성실성과 명예까지를 염두에 두어야 한다. 웅변의 준비는 곧 말의 준비, 말의 준비는 곧 글의 준비가 된다. 끊임없이 고뇌하고 생각하면서 살아가는 삶 자체가 한 인간의 글과 말을 최고로 준비하는 과정이라고 할 수 있다.

그래서 글을 쓰기 전에 말로 먼저 해보는 방법도 도움이 된다.

생각나는 대로 마음껏 말하라. 뒤죽박죽이어도 좋다. 친구에게 연인에게 가족들에게 이야기할 때는 정돈된 생각만을 말하지 않는다. 생각나는 대로, 기분 나는 대로 이야기를 하다 보면 그 가운데 '내 입에서 이런 말이 나왔어?' '내가 이런 표현을 했어?' 하는 대목들이 나올 것이다. 그것들을 잡아채서 글로 적었을 때 멋진 수사(修辭)로 재탄생한다. 말을 먼저 해봤기 때문에 얻을 수 있는 선물이다.

기억나는 대로 말하라. 기억을 되살려서 말하라. 되살린 기억을 뒤집어서 말하라. 그것들이 좋은 글의 재료가 될 수 있다.

말을 글로 옮길 때

말하기를 글쓰기로 연결하는 몇 가지 방법들이 있다.

쉽게 말하기

누구나 알아듣기 쉽게 말하라는 뜻이다. 중학교 학생 정도라면 알아들을 수 있어야 쉬운 말이다. 말을 하고 그에 대한 해설이 필요하다면 그것은 쉽게 말한 게 아니다. 모든 훌륭한 연설은 해설을 필요로 하지 않는다.

재미있게 말하기

재미있게 말해야 사람들이 계속해서 듣는다. 다음에 무슨 말을 할지 궁금해한다. 듣는 사람을 졸게 하는 '자장가'는 최악의 연설이다. 자장가를 부르면 안 된다.

말이 되게 말하기

이치에 맞는 말이어야 한다는 뜻이다. 어떤 문제에 대한 해답을 주거나 유용함과 유익함이 있는 말이어야 한다.

풍부하게 말하기

더 이상 설명이 필요 없을 만큼 빠짐없이 말하라. 살을 붙여서 말하라. 풍부하게 말하기 위해서는 어휘력이 있어야 한다. 독서와 산전수전의 경험이 풍부해야 한다는 뜻도 된다.

들어주는 사람을 찾기

말하기를 익히기 위해서는 말할 수 있는 기회를 많이 갖는 것이 좋다. 이때 들어주는 사람이 필요하다. 가족, 친구, 연인, 누구든 내 말을 들어줄 수 있는 사람을 찾아라.

더 나아가 내 말을 들어줄 수 있는 대중이나 관객들을 찾아라. 무료강연, 자원봉사, 재능기부도 좋다. 말할 수 있는 자리가 있다면 돈을 주고서라도 그 자리에 서라.

그러다 보면 돈을 받고 말하는 기회가 올 것이다. 그런 기회가 생기면 그때부터 길이 열린다. 독서토론도 좋은 기회다. 독서토론의 사회자, 진행자로 나서라. 글쓰기의 좋은 준비 단계가 되기도 한다.

예수, 붓다, 마호메트 같은 위대한 성현들은 글을 쓰는 사람들이 아니라 '말씀'을 하는 사람들이었다. 누군가가 그들의 말씀을 붙잡아 글로 남겼기 때문에 지금 우리에게 거룩한 경전으로 전수되었다. 기록은 영원하다. 말로 품어낸 것은 흩어지고 날아가지만 글로 남긴 것은 화석과도 같이 고정된 채로 영원성을 갖게 된다.

　말한 것을 글로 옮기는 것이 얼마나 중요한지를 강조하고 싶어 예수, 붓다 이야기를 곁들였다. 힌트가 됐다면 여기에서 몇 가지 스스로 훈련하는 방법을 개발할 수 있다. 말한 것을 글로 적고, 글로 적은 것을 다시 말로 해보는 연습이다. 자기 말을 녹음하고 그것을 그대로 받아쓰는 방법도 좋다. 이를 반복하다 보면 어느 순간 말과 글이 일치되는 경험을 할 수 있다. 느닷없이 사람 앞에 서서 말할 기회가 있을 때, 마치 살아 있는 명문장을 낭독하듯 세상을 움직이는 연설을 토해낼 수 있게 된다.

생각의 속도보다 손이 빨라야 한다

글쟁이는 손이 빨라야 한다. 뇌세포는 머리에만 있는 게 아니다. 손끝에도 있다. 반복을 통해 손끝의 뇌세포에 영감이 걸려야 한다. 그것도 훈련이 필요하다. 가장 좋은 훈련이 필사다. 필사를 통해 손끝을 단련시키는 것이다. 그다음엔 속기를 연습하라. 요즘의 속기는 컴퓨터 자판의 타자 속도다. 생각의 속도보다 워드 치는 손의 속도가 더 빨라야 한다. 생각의 속도를 손이 따라가주지 못하면 곤란하다.

어느 분야에서든지 일정한 수준의 경지에 오르면 '문리가 텄다'고 말한다. 글도 그렇다. 어느 단계에 이르면 글을 머리가 아닌 손으로 쓰게 된다. 손끝으로 생각하고 손끝으로 글을 쓴다. 펜을 들었을 때, 컴퓨터 키보드에 손을 올렸을 때, 그 손끝이 저절로 움직이듯 글을 쓰게 한다. '일필휘지'(一筆揮之)처럼, 붓을 들면 한걸음에 내달리듯 저절로 글을 쓰는 것이다. 화가인 호안 미로(Joan Miro)가 붓을 드는 순간 자기도 모르게 그림을 그려내듯 무의식으로 글로 써나가는 것이다. "손끝에 영감이 달려 있어야 한다"라 한 말도 같은 맥락이다.

『토지』의 작가 박경리 선생도 '손으로' 글을 썼다. 그분은 "손이 안 나갈 때는 글이 안 써진다. 글이 안 써질 때는 원고지 한 칸이 운동장보다 더 넓다"라는 어록을 남겼다. 글을 안 쓸 때면 낮에는 풀을 뽑았고 저녁에는 바느질을 했다고 한다. 끊임없이 손을 움직여 손끝의 감각을 잃지 않으려 최선을 다했던 것이다.

글쓰기가 직업인 기자도 때때로 일필휘지를 경험하게 된다. 나도 그런 경험을 했다. 《뿌리깊은나무》에서 열심히 글을 갈고닦을 때 청천벽력 같은 일이 벌어졌다. 《뿌리깊은나무》가 강제 폐간된 것이다. 또다시 낭떠러지 절벽 위에 서게 됐다.

그런데 그 절벽 위에서 또 한 명의 귀인을 만났다. 《중앙일보》의 최우석 경제부장이었다. 그분이 《뿌리깊은나무》를 유심히 보다가 "이런 글쟁이를 신문기자 한번 시켜보자. 신문기사가 빛깔이 달라지지 않겠느냐"라고 했다고 한다. 전무후무한 일이었다. 당시 언론고시의 경쟁률이 200 대 1, 300 대 1이었는데 나는 언론고시를 보지 않고 신문기자가 됐다. 꿈만 같은 일이었다.

펄펄 날았다. 여한 없이 글을 썼다. 거침없이 기사를 썼다. 어느 순간 '손이 빠르다'는 소리를 듣게 됐다. 그러다가 언제쯤인가, 경지에 오른 듯한 느낌을 갖게 됐다. 자칫 무미건조하고 메마른 기사가 될 법한 내용인데도 내가 쓰면 촉촉한 감성이 배어든 글로 바뀌어 읽혔다. 그렇게 글을 썼다. 그러다 보니 "이것은 누가 썼는지 알겠다. 고도원의 글이다"라는 말을 듣는 기자가 됐다. 사회부 사건기자를 거쳐 정치부로 발령받았을 때에도 "손이 빨라서 정치부로 보낸 것"이라는 이야기를 들었다.

'손이 빠르다'는 말은 두 가지 뜻이 있다. 하나는 물리적 속도가 빠르다는 뜻이다. 속기사 타자수처럼 실제로 글을 쓰는 속도가 빨라야 한다. 다른 하나는 글을 쓸 만반의 준비가 됐다는 뜻이다. 신문기자로 치면 취재가 미리미리 잘되어 있다는 뜻이고, 머릿속에 기사를 미리 써놓았다는 뜻이기도 하다. 그래야 마감 5분 전에도 데스크가 요구하는 기사를 쓸 수 있고, 윤전기를 세워놓고 순식간에 톱기사를 바꿀 수가 있다.

손 빠른 사람이 되기 위한 훈련

굳이 기자를 지망하지 않는 사람도 기자 세계의 글쓰기 과정을 살펴볼 필요가 있다. 새내기 기자가 됐다고 가정하고 기자 훈련을 간접적으로 체험해 보자.

어떤 훈련을 해야 할까. 우선 1단짜리 기사를 달달달 외워야 한다. 그다음 자기 관심 분야의 박스 기사, 해설 기사, 칼럼을 많이 보라. 많이 베껴라. 거의 암기할 정도로 베껴 써보라. 그게 무기가 된다. 손 빠른 글쟁이가 되는 지름길이다. 그래서 어떤 일을 글로 써야 할 때, 그 현장에 가지 않고도 6하원칙에 의해 기사를 써낼 만큼의 상상력을 가질 수 있게 해야 한다. 그런 경지에 이르렀을 때 손이 빠른 글쟁이가 될 수 있는 것이다.

예를 들어 성수대교나 삼풍백화점이 무너졌을 때를 가정해 보자. 어마어마한 규모의 참사다. 그런데 기사 송고 마감 5분 전이다. 어떻게 해야 할까? 현장에 가서 기사를 쓰기엔 이미 늦었다. 그러니 달려가면서 머릿속에 상상의 기사 초안을 작성해야 한다. 6하원칙의 틀에 따라서. 현장에 도착하면 이미 상상력으로 써놓은 기사에 핵심이 되는 사실관계만 잽싸게 꿰맞춰 송고하는 것이다.

당시에는 '기사를 쓴다'고 하지 않았다. '기사를 부른다'고 했다. 전화통을 붙들고 불러댄다. 입으로 쓰는 것이다. 그러려면 머릿속으로 미리 기사를 써놓아야 한다. 현장에 도착하기 전에 기사를 써놓고, 현장에서 취재한 팩트들을 끼워넣어 기사를 완성할 수 있어야 한다. 이를 위해서는 1단 기사를 달달 외우듯 화재 기사, 행사 기사 등 기사의 모델이 머릿속에 장착되어 있어야 한다. 그러면 손이 빨라진다. 손은 생각의 속도를 따라가 줘야 하고, 생각의 속도를 이끌어가야 한다.

그러나 그보다 더 중요한 것이 있다. '머릿속 기록'이다. 이는 속기나 워드 실력을 넘어서는 그 이상의 영역이다. 마치 많은 것들이 머릿속에 기록되어 있는 듯, 평소 생각을 잘 정리해 놓는 습관을 체화한 것이다. '생각이 정리되어 있다'는 말은 생각을 정리하는 훈련이 생활화되어 있다는 뜻이다. 생각을 언제든 글로 옮길 수 있는 능력이 몸에 배어 있다는 의미도 된다.

　세상과 사물에 대한 무궁한 호기심으로 열심히 관찰한 것들을 마치 머릿속 기록 저장소에 모아놓듯 차곡차곡 쌓아놓아라. 그러다가 필요할 때 그것을 꺼내 글의 재료로 사용하라. 특히 자신이 이루고자 하는 꿈, 자신의 관심 분야에 대한 재료들을 열심히 긁어모아 머릿속에 미리 저장해 놓으면 필요할 때마다 바로바로 끄집어내어 쓸 수 있게 된다.

뽕나무에서 실크를 뽑듯이

 시간 가는 줄도 모르고 글을 쓸 때가 있다. 대통령 연설문을 쓰는데 '한 30분 지났나' 하고 시계를 보면 어느새 서너 시간이 훅 가버렸다든가, 읽는 데 30초밖에 걸리지 않는 아침편지를 쓰는 데 몇 시간이 훌쩍 지나갔다든가 하는 경험을 이따금 하게 된다. 늦은 밤에 글쓰기를 시작했는데 어느새 날이 밝아오는 때도 있다. 이럴 때는 밤을 꼬박 새웠는데도 그리 피곤하지가 않다. 오롯이 글쓰기에 몰입하면 피곤함을 못 느낀다. 오히려 기운이 난다.
 몰입의 글쓰기에도 훈련이 필요하다. 진짜 술꾼인 후배 기자가 있었다. 밤새 떡이 되도록 술을 마시고 거의 의식을 잃은 상태에서도 칼럼을 쓰는 것을 본 적이 있다. 의식은 완전히 사라졌는데 초의식으로 글을 쓰고 다시 쓰러져 곯아떨어질 수 있는 지경에 이른 것이다. 그만큼 오랜 시간 훈련이 돼 있었다는 이야기다. 취중에도 의식을 딱 붙잡고 1시간 몰입해서 글을 쓰고는 다시 쓰러져 잠드는 모습을 지켜보는데 영화 〈취권〉이 떠올랐다. 술에 취해 비틀거리면서 고난도의 무술을 하는 경지가 연상됐다. 그러니 술을 안 마시고 몰입하면 얼마나 좋겠는가. 얼마나 맑은 글이 나오겠는가.

글을 쓸 때 마음이 혼란하거나 산만해지면 흐름을 놓치기 쉽다. 이때는 그 산만한 환경을 잠재우고 고요함과 중심을 잡을 수 있는 훈련이 필요하다. 중심을 잡는다는 것은 마음을 모은다는 말이다. 한순간에 의식을 집중한다는 뜻이다. 글쓰기는 집중이다. 몰입이다.

글을 쓰기 전에 마음을 집중하는 방법이 있다. 호흡이다. 길고, 깊고, 가는 호흡이다. 길고, 깊고, 가는 호흡을 '명상 호흡'이라 부른다. 나는 이 명상 호흡을 마흔아홉 살에 알았다. 너무 늦게 알았다. 이 점이 늘 아쉽다.

명상 호흡은 숨을 깊게 들이마시며 다른 사람이 나를 보듯 물러서서 나를 보는 방법이다. 고요한 관찰자가 되는 것이다. 그것이 명상에서 말하는 마음 훈련이다. 명상을 알기 이전과 이후의 나의 글쓰기는 그래서 많이 달라졌다. 명상으로 글쓰기를 하면 달리 보이는 것들이 있다. 진짜, 진실, 실체, 사실 들이 더 잘 보인다. 그것을 넘어서는 또다른 차원의 진짜들이 보인다.

글을 쓰는 사람은 고요한 관찰자이기도 하다. 그 관찰자가 바라보는 첫 대상은 다름 아닌 '나' 자신이다. 내가 나를 관찰하여 내 안에 있는 또다른 나, '참나'를 만나는 것이다. '참나'를 만나는 과정에는 비움이 있다. 비워내는 것이다. 그러면 보이는 게 달라진다. 글 쓰는 게 달라진다. 일상을 넘어서는 지적인 존재, 깨어 있는 존재, 꿰뚫어보는 존재가 되고 행간을 읽는 사람이 된다. 미소 뒤에 숨겨진 비수를 볼 수 있다. 얼굴을 보면서 뒤통수를 본다.

비워낸다는 것은 무언가에 집착하거나 고집하지 않는 것이다. '내가 틀리고 당신이 맞다', 또는 '내가 맞고 당신이 틀리다'에서 벗어날 수 있어야 한다. 나를 비워내야 생각의 자유를 얻을 수 있다. 비워내야 비로소 채울 수 있다. 깨달음, 번뜩임, 우주적 발견, 그 중간지대에 글쓰기가 있다. 그래서 글쓰기는 명상과 통한다. 글쓰기는 그 자체만으로 명상이다. 그 출발점이 호흡이다.

그렇다면 글쓰기의 몰입과 집중을 위한 구체적인 방법은 무엇일까. 내 나름의 경험을 토대로 한두 가지 방법을 제시해 볼까 한다. 천상병의 「귀천」, 함석헌의 「그런 사람을 가졌는가」를 인용한 아침편지를 쓰면서 경험한 일이다. 각각 6개월, 3개월의 몰입 끝에 아침편지 글이 나왔다. 한 편의 시를 붙잡고 6개월, 3개월을 버티는 일이 결코 쉽지 않다.

천상병 선생이 「귀천」을 쓰면서 하셨을 생각의 깊이에 내가 근접할 수 있을까 하는 막막함이 있었고, 행여 내가 쓰는 아침편지가 그분의 뜻을 훼손하는 것은 아닐까 하는 두려움도 컸다. 함석헌 선생의 「그런 사람을 가졌는가」는 더욱 그러했다. 막막함이나 두려움을 넘어, 읽을 때마다 눈물이 쏟아져 아침편지를 쓸 수가 없었다.

한 편의 시를 놓고 오래 매달리다 보니 우선 몸이 지쳤다. 잠을 설치고 몸의 근육이 풀어졌다. 이래서는 큰일이다 싶었다. 그래서 근력 운동에 몰입했다. 스쾃 운동을 더 열심히 했다. 한번에 300번씩 하루에 세 차례, 모두 900번을 했다. 체력이 보강되고 허벅지 근육이 단단해지니 글이 안 써져도 버틸 힘이 생겼다.

더불어 명상 호흡을 더 열심히 했다. 내면을 고요하게 만드는 명상에 매달렸다. 땀 흘리며 스쾃을 하고 나면 바로 글이 써질까? 아니다. 먼저 땀을 식혀야 한다. 마음을 가라앉혀야 한다. 이때 명상이 필요하다. 길고, 깊고, 가는 호흡이 필요하다. 산책이나 음악도 좋다. 그래야 그 순간에 몰입하고 집중할 수 있는 글쓰기의 공간이 생겨난다. 더 깊은 명상의 방법에 대해서는 뒤에서 보다 구체적으로 살펴보겠다.

독서, 간접경험의 통로

글은 경험의 소산이다. 경험이 풍부한 사람이 풍부한 글을 쓸 수 있다. 앞서 언급했듯 경험은 크게 직접경험과 간접경험으로 나뉜다. 직접경험에는 한계가 있다. 그러나 간접경험은 한계가 없다. 간접경험의 최고 통로가 다름 아닌 독서다.

글을 쓰고자 하는 사람에게 독서는 너무도 중요하다. 아무리 강조해도 지나치지 않다.

링컨이 말했다.

"책 한 권 읽은 사람을 책 두 권 읽은 사람이 지배한다."

안중근도 말했다.

"하루라도 책을 읽지 않으면 입안에 가시가 돋는다."

'입안의 가시'라는 표현을 이렇게 바꿔 말할 수도 있다.

"밥 먹듯이 책을 읽어라. 한 끼라도 밥을 먹지 않으면 입안에 가시가 돋아 배고픔에 시달릴 것이다."

밥이 육체의 자양분이라면 책은 마음의 자양분이다. 정신과 영혼은 독서를 통해 성장한다. 그래서 지식인은 간접경험이 많아야 한다.

독서에도 요령이 필요하다. 속독, 정독, 다독이라는 특별한 기술이다.

빨리 읽기, 속독

가장 먼저 습득해야 할 기술은 '속독'이다. 지식인은 책을 빨리 읽는 사람이다. 책을 빨리 읽는 것도 기술이다. 지식인의 무기다. 책을 읽는 시간은 사람마다 차이가 크다. 음악회나 영화관에 가면 꼬박 한자리에서 1시간이면 1시간, 2시간이면 2시간, 똑같은 시간을 보내야 한다. 건너뜀 수가 없다.

책은 그렇지 않다. 천차만별이다. 어떤 사람은 책 한 권을 놓고 일주일을 읽는가 하면, 어떤 사람은 하루에 다 읽는다. 그렇게 빨리 읽었는데 한 글자, 한 문장도 놓치지 않는다. 심지어 행간까지도 읽어낸다. 이게 기술이다. 그래서 훈련이 필요하다.

속독을 하면 두 권, 세 권, 열 권을 동시에 읽을 수 있다. 김대중 대통령도 옥중에서 동시에 여러 책을 읽었다. 나도 똑같다. 한 권을 다 읽을 때까지 다른 책을 안 읽는 게 아니라 동시에 여러 책을 읽는다. 자기가 관심 있는 분야, 예를 들어 꽃에 관심을 가지면 꽃과 관련된 책이 빨리 읽힌다. 그러므로 속독의 출발은 관심과 호기심과 사랑이다. 무엇보다 책이 재미있어야 한다.

가장 재미있는 책은 무슨 책일까? 사춘기 시절에 나에게 가장 재미있는 책은 음란서적이었다. 여기에 역설이 있다. 나에게 속독법 기술을 가르쳐준 책이 음란소설이었다.

중학교 2학년 때 방인근의 소설을 섭렵했다. 『벌레 먹은 장미』 같은 당시 최고 음란서적으로 꼽혔던 책을 두루 읽었다. 사춘기 아이가 이런 책을 읽으려면 어떻게 해야 할까? 몰래 읽어야 한다. 아버지나 선생님 몰래 읽으려면 어떻게 해야 될까? 빨리 읽어야 한다. 그때는 책 빌려주는 아저씨가 리어카에 책을 가득 싣고 동네마다 다니면서 얼마씩의 돈을 받고 바꿔주곤 했다. 나는 가장 빨리 책을 바꿔 읽는 아이였다. 나는 아버지와 식구들이 잠들면 이불을 뒤집어쓰고 몰래 책을 읽었다. 다른 아이가 3시간 읽을 책을 30분만에 읽었다. 그게 나의 최초의 속독이었다.

아마도 아버지는 틀림없이 아들의 못된 행각을 잘 아셨을 거다. 그러나 "이런 음란한 책을 왜 봐?" 하지 않으셨다. 그리고 나중에 이렇게 표현하셨다. "내가 너에게 수도꼭지 하나를 대줬다."

그때의 수도꼭지가 함석헌 선생이 쓰신 『뜻으로 본 한국 역사』, 아놀드 토인비가 쓴 『역사의 연구』였다. 아버지는 내게 이 책들을 주면서 독서 카드 쓰는 법을 알려주셨다. "이 책 읽고 밑줄 그어놔. 그리고 독서 카드 써봐." 사춘기 아이의 정신을 혼미케 하는 탁한 물웅덩이를 한꺼번에 뒤엎으려 하지 않고, 맑은 물이 쫄쫄 나오는 수도꼭지를 대줌으로써 저절로 정화하는 시간을 갖도록 이끌어주셨던 것이다.

덕분에 나는 질풍노도와 같은 사춘기를 거치면서, 방인근 소설에 빠져 있다가 함석헌 선생이나 아놀드 토인비가 쓴 어렵고 딱딱한 책을 만났다. 인내심을 갖고 읽어내는 힘을 길러낼 수 있었다. 비록 아버지에게 회초리로 맞으면서 읽긴 했지만, 그 책들을 소화하게 되니 방인근의 소설조차도 나에게는 좋은 삶의 경험이 됐다.

속독 기술을 익히게 하는 또다른 요소는 강력한 목표와 동기다. 목표와 동기는 한 몸이다. 꿈과 목표가 강력하면 동기는 저절로 생긴다. 동기부여는 사람마다 다르다. "이 책을 읽으면 1억 원을 주겠다"라는 말을 들으면 눈에 불을 켜고 읽을 가능성이 크다. 또 대통령이 비서관에게 어려운 책을 건네면서 "이 책 읽고 얼른 요약해주세요" 하면 어느 비서관이 안 읽을까?

동기가 강력하고 목표가 분명하면 책이 읽힌다. 아니, 읽어야 한다. 김치 장사를 잘해야겠다 마음먹으면 '맛있게 김치 담그는 법'에 대한 책이 잘 읽힐 것이다. 돈벌이에 몰두해 있으면 돈 버는 법을 엉터리로 써놓은 책이라 하더라도 읽는다.

자신은 전혀 관심이 없지만 자기가 좋아하고 신뢰할 만한 사람이 관심을 갖고 있는 책이라는 사실을 알게 되면 그 책이 쉽게 읽힌다. 나에게도 의미 있는데 다른 사람에게도 의미 있는 쪽에 인생의 목표, 방향을 둔 사람이 선정하는 책은 다르다.

한 글자도 놓치지 않는 정독

독서법의 두 번째 기술은 '정독', 즉 빨리 읽는데 한 글자도 놓치지 않는 기술이다. 연애할 때를 생각해 보자. 두 연인이 대화를 할 때 메모를 하고 이야기할까? 사랑하면 연인이 하는 말을 하나도 놓치지 않는다. 이게 정독이다. 지나가듯 얘기했는데 그 속뜻을 읽어낸다. 행간까지를 읽어낸다. 왜? 사랑하기 때문에.

책을 사랑하면 저절로 정독이 된다. 행간이 읽힌다. 한 글자도 안 놓친다. 모든 문장이 내 머릿속에 탁탁 들어온다.

정독은 혼을 담아 읽는 것이다. 혼은 사랑이다. 관심이다. 자기가 사랑하는 사람과의 대화는 오래간다. 기억하지 않으려 해도 세세한 숨결까지 기억된다. 10년 뒤에도 그 기억이 생생히 되살아난다. 책을 사랑하라. 자신의 꿈을 사랑하라. 자신이 목표한 꿈 너머 꿈을 사랑하라. 그리고 그에 몰입하라. 그러면 정독법은 저절로 익혀질 것이다.

최대한 많은 책을 읽기 위한 다독

독서법의 세 번째 기술은 '다독'이다. 다독은 한 사람이 자기 일생 동안에 최대한 많은 책을 읽는 기술이다. 나는 다독가다. '고도원의 아침편지'도 나의 다독에서 비롯됐다. 나의 아버지도 다독가셨다. 모르면 몰라도 내 아버지는 일생 동안 대략 3만 권을 읽지 않았을까 추측해 본다. 유수한 목회자나 이름난 학자들은 평균 그쯤 읽는다고 한다.

다독은 평생의 자산이 될 수 있다. 지금은 책을 읽지 않는 시대이기 때문에 더욱 그렇다. 앞서 인용했던 링컨의 말 "책 한 권 읽은 사람을 책 두 권 읽은 사람이 지배한다"도 과장이 아니다. 다독에서는 엄청난 경쟁력이 얻어진다.

나는 근래에 '천권독서 국민운동'을 시작했다. 일생에 1,000권의 책읽기를 목표로 실천해 보자는 취지이다. 특히 10대와 20대에 1,000권 읽기를 목표로 오늘부터 함께 도전해 보자는 뜻의 운동이다. 함석헌은 "생각하는 민족이어야 산다"고 말했다. 나는 "독서하는 국민이어야 산다"라고 외친다. 김구는 '문화국가'를 말했다. 나는 '독서국가' '독서국민'을 제창한다. 책을 읽어야 나라가 산다. 세계를 이끌 수 있다.

글을 쓰고자 하는 사람은 다독의 방법이 조금 달라야 한다. 다독은 여러 권을 읽는 게 기본이지만 한 권을 반복해 여러 번 읽는 방법을 뜻하기도 한다. 글쟁이에게는 두 가지 다독이 모두 필요하다. 나는 아놀드 토인비의 『역사의 연구』를 열다섯 번 이상 읽었다. 한 권의 책을 반복해서 읽어 자기 언어로 녹아들게 할 때 이것은 엄청난 무기가 된다.

글쓰기를 위한 독서법과 독서 환경

깊은산속 옹달샘이 운영하는 청소년 캠프 '깊은산속 링컨학교'에서는 '2·2·5·10 독서법'을 가르치고 있다. 2분, 2분, 5분, 10분을 합하면 19분. 19분 만에 책 한 권을 읽는 속독법 훈련이다.

이 속독법은 내가 기자 생활을 하면서 터득한 방법이다. 기자 시절 나는 '특종 기자'라는 별명을 얻었다. 특종은 문서에서 얻는 것들이 많다. 정치부 기자의 특종은 특히 그렇다. '딥 소스(deep source)'로부터 두꺼운 문서를 막 얻었는데 마감 시간까지 19분밖에 안 남았다면 어떻게 해야 될까?

그 시간 안에 전체를 모두 훑어봐야 한다. 한 장씩 읽을 시간이 없다. 2분 동안 가장 빠른 속도로 책장을 넘긴다. 그러면 이게 무슨 문서구나, 여기에 뭐가 들어 있구나, 느낌으로 알게 된다. 다시 2분 동안 한 번 더 책장을 넘기면서 훑어보면 핵심을 파악하게 된다. 그다음 5분 동안에는 그 핵심에 해당하는 문장을 본다. 그리고 뒤이은 10분 사이에 내가 취해야 할 정보를 찾아낸다.

2·2·5·10 독서법

책을 볼 때도 2분, 2분, 5분, 10분을 각각 쓴다. 2분간 책을 두 번 쭉 훑어보고, 5분 사이에는 핵심적인 단어와 문장을 찾고, 10분 사이에는 이 책 전체를 파악한다. 그러면 19분 사이에 적어도 이 책을 네 번은 넘기게 된다. 그래서 그 책이 매우 친숙하게 다가온다.

그다음에는 어느 문장을 읽어도 전체 맥락에서 어떻게 연결되어 있는지를 알게 된다. 그러면 속독의 다음 단계인 정독이 쉽게 된다. 내가 쓴 『위대한 시작』을 교재 삼아 '2·2·5·10 독서법'을 적용해 보자.

2분, 무슨 책인지 살피기

책을 읽지 않고 책장을 그냥 넘긴다는 마음으로 2분 동안 『위대한 시작』을 죽 훑어본다. 책 제목, 표지, 차례, 소제목을 얼핏얼핏 살피면서 끝까지 책장을 넘긴다. 책을 덮고 이 책이 어떤 책인지 머릿속에 그려본다. 자신에게 한마디로 설명해 보는 것도 좋다. 이를테면 '꿈을 이루는 스피치와 독서에 관한 책' '꿈을 갖기 위해 읽어야 할 책' '청소년을 위한 꿈 찾기 책'이라고 설명할 수 있을 것이다.

2분, 눈에 띄는 단어를 줍기

다시 2분 동안 같은 방식으로 한 차례 더 훑어본다. 다시 책장을 빨리 넘기다 보면 눈에 들어오는 단어들이 있을 것이다. 마음에 꽂히는 단어 몇 개를 찾는다 생각하고 책장을 넘긴다. '꿈의 북극성' '명상' '스피치' '인생의 꿈' '호기심 천국'……. 이때 발견하는 단어들은 이 책을 이해하는 키워드가 된다.

5분, 밑줄 긋기

이번에는 5분간 책장을 넘기면서 눈에 꽂히는 구절을 스치듯 읽는다. 어떤 문장이 눈에 들어올 수도 있다. '발을 내려다보지 말고 고개를 들어 별을 바라보십시오' '책은 동반자이자 멘토입니다' '꿈을 쓰면, 마법처럼 현실이 됩니다'…….

왜 그 구절이 마음에 와 닿았는지 생각하면서 계속 책장을 넘긴다. 5분이 꽤 길게 느껴질 것이다. 책이 더 친숙하게 가까이 다가와 있다는 것을 느끼게 된다.

이렇게 2분, 2분, 5분간 세 번에 걸쳐 책을 보면, 9분이라는 짧은 시간이었음에도 책이 매우 친숙하게 느껴질 것이다.

10분, 책의 내용을 꿰뚫기

이제는 10분 동안 책을 읽어간다. 10분 동안 최대한 몰입해 정독한다. 세 차례 책을 훑으면서 나의 관심사항과 연결된 문장과 단락을 빠른 속도로 읽어내린다. 비록 책 전체는 읽을 수 없지만 핵심이 되는 내용은 놓치지 않고 읽을 수 있다. 밑줄 칠만한 구절이 있는 챕터를 읽는 것도 좋고, 마음에 드는 제목이나 단어가 있었던 챕터를 읽는 것도 좋다. 어떤 내용인지 구체적으로 말할 수 있을 만큼 그 부분을 정독한다. 단 19분 사이에 책 한 권을 통째로, 깊숙이 이해하게 되는 자신을 발견하고 놀라게 될 것이다.

글쟁이를 위한 강력한 무기

독서법보다 더 중요한 것이 있다. '책 읽는 환경'을 만드는 일이다. 책을 읽게 하는 가장 좋은 환경은 무엇일까?

다름 아닌 서재다. 지식인에게는 서재가 있어야 된다. 글쟁이의 필수 조건도 서재다. 굳이 글쟁이가 아니어도 좋다. 모든 아버지, 어머니에게는 서재가 있어야 한다. 그래야 자녀들에게 책 읽는 환경을 물려줄 수 있다. 서재는 자녀들에게 헤아릴 수 없이 많은 영향을 준다. 100퍼센트 긍정적 영향이다. 버릴 것이 없다.

만일 우리 집에 아버지의 서재가 없었다면 나는 어떻게 됐을까? 오늘의 나는 틀림없이 다른 일을 하고 있을 가능성이 높다. 아버지의 서재가 있었기 때문에 나는 어린 시절부터 책 읽는 습관을 몸에 배게 할 수 있었다.

아프고 외로울 때, 호기심이 차오를 때, 뭐 재미있는 일이 있나 하다가 놀이처럼 책을 읽었다. 아버지의 책은 너무 어렵고 딱딱해서 재미가 없으니 방인근 소설로 이동했다가, 다시 아버지의 서재로 되돌아올 수 있었다.

독서를 글쓰기로 연결시킬 수 있는 또 하나의 도구는 독서 카드다. 이것은 글쟁이뿐만 아니라 모든 지식인, 모든 생활인에게도 필요하다. 누구나 글을 쓸 수 있는 것처럼 누구나 책을 읽고 독서 카드를 작성할 수 있다. 누구에게든 최고의 무기가 될 수 있다.

독서 카드를 쓰다 보면 속독, 정독, 다독을 절로 익히게 된다. 스스로 작성한 독서 카드는 필요에 따라 열 번, 백 번을 반복해서 읽게 되어 있다. 그래서 그 문장이 영혼의 우물에 고이고 체화된다. 그리고 언젠가는 자신의 말과 글로 솟구쳐 나온다.

불멸의 언어 뒤에는 독서가 있다

　대통령 연설문을 쓰는 사람들에게 오바마의 연설은 여러 면에서 귀감이 된다. 그가 했던 유명한 말이 있다.
　"오바마 자신의 생각에 『성경』의 언어로 옷을 입히고 에이브러햄 링컨의 모자를 씌웠다."
　오바마의 연설에 『성경』과 링컨이 얼마나 큰 영향을 주었는지를 잘 설명해 주는 말이다. 그렇다면 오바마의 '모자'였던 링컨에게는 어떤 '옷', 어떤 '모자'가 있었을까. 링컨 역시 '『성경』의 언어로 옷을 입었고, 셰익스피어의 글로 모자를 썼다'고 말할 수 있다. 링컨의 머리맡과 집무실에는 언제나 『성경』과 셰익스피어의 책이 있었다. 어린 시절부터 링컨은 전쟁 중에도 그 둘을 머리맡에 두고 읽었다.

『성경』에서는 특히 「이사야서」와 「아모스서」를 즐겨 읽었다. 고대 이스라엘 역사의 흥망이 갈리는 시대적 상황에서 이사야와 아모스라는 선지자가 이스라엘 민족에게 어떤 말로 위로와 책망을 하고, 어떤 말로 희망과 비전을 심어주었는지를 배우고 깨우칠 수 있었다. 그것이 링컨의 언어와 레토릭으로 승화되어 게티즈버그 연설에서와 같은 위대한 연설문을 낳게 했다.

링컨의 게티즈버그 연설을 가리켜 '무의식의 서사시' '불멸의 서사시'라 부른다. 『성경』의 옷과 셰익스피어의 모자를 쓴 역사적인 연설문이다. 그 연설의 끝말도 불멸의 언어가 됐다.

"국민의, 국민에 의한, 국민을 위한 정부는 이 지상에서 사라지지 않을 것입니다."

그가 미국 대통령으로서 겪고 체득한 모든 경험과 지혜에 『성경』과 셰익스피어의 언어로 된 옷을 입혀 만든 이 문장 하나는 세상을 뒤흔들어놓았다. 이는 링컨이 독서로 얻은 언어를 자신의 무의식 창고에 저장해 놓은 덕에 가능했다.

『성경』의 옷을 입고 링컨의 모자를 썼던 오바마의 이야기로 돌아가보자. 아프리카 흑인이었던 오바마 아버지는 오바마가 두 살 때 이혼하고 케냐로 돌아가버렸다. 이후 오바마는 아버지를 모르는 채 백인 어머니와 외할머니 밑에서 자라다가 열 살이 되어서야 비로소 아버지를 처음 만났다. 놀랍게도 아버지는 재간꾼이었다. 아버지에겐 말을 재미있게 하는 재능이 있었다. 처음 만나 서로 어색할 수도 있었을 분위기가 아버지의 재치로 즐겁게 살아났다. 그런 아버지의 모습이 오바마의 마음에 오래 남았다.

오바마가 대학에서 처음으로 스피치를 할 기회를 얻었을 때의 일이다. 그는 스피치를 준비하면서 맨 먼저 아버지의 유쾌하고 재치 있는 모습을 떠올렸다. 아버지가 교실에서 연설하던 모습이었다. 아버지의 연설이 끝난 뒤 사람들이 감동받고, '세상을 바꾸는 힘'이 생겨나는 것을 떠올렸다. 그렇게 아버지를 생각하면서 준비한 연설은 오바마의 첫 스피치가 됐고, 그를 유명하게 만들었다.

오바마에게 아버지의 재능과 언어는 또다른 차원의 '옷'이자 '모자'였던 것이다.

그가 미국의 첫 흑인 대통령에 올라 했던 대통령 취임사, 퇴임사 등은 미국인은 물론 전 세계 사람들에게 강한 인상을 남겼다. 모두 불멸의 언어가 됐다. 그가 여러 연설에서 반복했던 말이 있다.

"정의가 강물처럼 흐르고, 공의(公義)가 샘물처럼 힘차게 흘러야 한다."

이것은 『성경』의 「이사야서」에 반복해서 나오는 구절이다.

오바마가 했던 취임사의 첫 구절과 마지막 구절도 『성경』적 표현으로 차 있다. 첫 구절은 "우리는 지금 위기의 한가운데에 서 있다는 사실을 잘 알고 있습니다"이고, 마지막 구절은 다음과 같다. "우리 아이들이 이런 말을 하게끔 합시다. '우리는 우리가 시험에 들었을 때 앞으로 나아가길 포기하지 않았으며 뒷걸음치지도, 머뭇거리지도 않았노라'라고, 또 '저 먼 지평선과 신의 은총을 똑바로 바라보며 전진해서 우리의 자손과 미래의 세대에게 자유라는 위대한 선물을 안전하게 전달할 수 있었노라'라고 말입니다."

미국의 위대한 웅변가였던 마틴 루터 킹도 『성경』의 옷과 링컨의 모자를 썼다. 그의 연설, '나에게는 꿈이 있습니다(I have a dream.)'를 모르는 사람은 없을 것이다. 그 연설 안에 들어있는 레토릭도 어디선가 들은 듯 서로 연결되어 있다. 그가 연설에서 사용한 언어의 레토릭은 링컨의 표현과 거의 같다.

"나에게는 꿈이 있습니다. 정의가 강물처럼 흐르고, 정당성이 힘찬 흐름이 될 때까지 우리는 만족할 수 없습니다.

나에게는 꿈이 있습니다. 언젠가 모든 골짜기가 메워지고, 모든 산과 언덕이 깎아내려지고, 고르지 않은 것이 평탄해지고, 험한 곳이 평지가 되고, 하나님의 영광이 나타나 모든 사람들이 그것을 지켜보는 꿈입니다."

이 연설을 듣는 순간, 『성경』을 몇 번이라도 읽은 사람은 바로 '아, 저것은 『성경』에 있는 레토릭이구나'라고 바로 깨닫게 된다. 마틴 루터 킹의 연설 속에 링컨의 언어가 있고, 더 깊은 곳에는 『성경』의 언어가 있었던 것이다.

영국 수상이었던 윈스턴 처칠에게도 불멸의 어록이 있다.

"절대 포기하지 마십시오. 절대 포기하지 마십시오. 절대 포기하지 마십시오"(케임브리지대학 졸업식 연설에서), "철의 장막"(웨스트민스터 대학 연설에서), "내가 바칠 것은 피와 땀과 눈물밖에 없다"(총리가 된 후 의회 연설에서) 등 셀 수 없이 많다. 그중 내가 특히 좋아하는 명언은 "생활은 가진 것으로 꾸려가지만 삶은 베푸는 것으로 이루어진다"이다.

처칠도 엄청난 독서가였다. 독서로 빚어낸 그의 언어는 강력한 설득력과 응집력으로 역사를 바꿨다. 그는 『윈스턴 처칠, 나의 청춘』에서 이런 말도 했다. "나는 영어 문장의 기본 구조를 뼛속 깊이 새기게 됐고, 그것은 매우 소중한 경험이었다."

그의 언어는 그냥 태어난 게 아니라 '영어 문장의 기본 구조'에서 비롯되었다. 영어 문장의 기본 구조를 알려면 다방면의 독서를 열심히 해야 한다. 처칠은 자신이 한번 읽은 문장을 깊이 새기고, 반복해서 자신의 언어구사력을 높였던 것이다.

언어구사력은 세상을 움직이는 지도자들에게 반드시 필요한 기본적 소양이다. 그 언어구사력을 스스로 높여가야 세상을 변화시키고 역사를 바꿀 수 있다. 여기에 유머, 위트, 재치, 친밀한 어구, 능수능란함까지 더해지면 금상첨화다.

그런 자질을 두루 갖춘 연설가가 처칠이다. 그것은 하루아침에 이루어진 게 아니라 자신이 책에서 읽은 문장 하나하나를 뼛속 깊이 새기는 반복에서 나온 것이다. 그는 연설을 앞두고 늘 거울 앞에서 연습을 했다고 한다. 제스처 하나하나까지 스스로 만족할 때까지 반복했다. 김대중 대통령도 그랬다. 연설 시작이 임박한 시간에도 연설문을 고치고 또 고쳤다. 수없이 반복해서 읽었다. 불멸의 언어는 하루아침에 나온 것이 아니다.

꿈은 무엇으로, 어떻게, 이루어지는가

사람은 두 부류로 나눌 수 있다. 꿈을 가진 사람과 그렇지 않은 사람. 꿈을 가진 사람도 두 부류로 나뉜다. 꿈을 이룬 사람과 그렇지 못한 사람. 그렇다면 꿈을 이룬 사람은 무엇으로, 어떻게 이루는 것일까? 돈으로? 권력으로? 무력으로? 물론 그럴 수 있다.

다만 나의 경험으로 말하자면 '꿈 노트'에 적은 글이었다. 오로지 꿈 노트의 글로써 나의 꿈을, 꿈 너머 꿈을 이룰 수 있었다. 그런 점에서 글은 꿈의 통로다. 꿈과 꿈 너머의 꿈을 이루게 만드는 수단이다.

지금부터 하는 이야기는 내 인생에서 중요한 변곡점이었기 때문에 다른 책에서도 소개한 적이 있다. 같은 이야기처럼 들릴 수도 있으나, '글은 꿈의 통로'라는 관점에서 다시금 풀어볼까 한다.

2001년 8월 1일 시작한 '고도원의 아침편지'가 훗날 나의 꿈을 이루는 통로가 될 줄은 미처 몰랐다. 2003년 2월, 5년 동안의 대통령 연설비서관 생활을 마치고 오직 휴식이 필요해서 떠난 한 달 간의 동유럽 지중해 배낭여행 때에도 깨닫지 못했다. 하지만 그 여행을 하는 동안 번쩍번쩍 떠오른 열두 가지 꿈 이야기를 나의 꿈 노트에 적어놓았다가 아침편지 밑글에 연달아 쓰면서 모든 것이 달라졌다.

2003년 9월 4일, (나로서는) 역사적인 '꿈 이야기 열한 번째'가 아침편지에 소개됐다. 아침편지 명상치유센터인 '깊은산속 옹달샘'에 대한 꿈 이야기였다. "전국 어느 곳에서도 2~3시간 안에 올 수 있는 '깊은산속 옹달샘'을 꿈꾼다"라고 썼다. 지금 깊은산속 옹달샘이 있는 곳은 모두가 잘 아는 대로 충청북도 충주시다. 옛날에는 충북 중원(中原)군이었던 곳이 충주(忠州)에 편입됐는데, 말 그대로 전국 어느 곳에서도 2~3시간 안에 올 수 있는 '가운데 마을(中心州)'이다. 나와는 아무런 연고도 없던 곳이었는데 내가 쓴 '꿈 이야기'대로 현실이 된 셈이다.

하지만 그 글이 나가고 난 무렵에는 많은 사람들이 나를 이상한 눈초리로 바라봤다. 심지어 미쳤다고 말한 사람도 있었다. "땅이 있어, 돈이 있어?" 이죽대는 사람도 많았다. 더러는 '아, 황당한 사람이구나!' 하는 표정으로 바라봤다. 그런데도 나는 꿈을 꿨다.

우선 전 세계의 명상센터를 찾아 다녔다. 내 아내와 몇몇 아침지기들과 함께 플럼 빌리지(Plum Village), 오쇼 라즈니쉬 명상센터, 오르빌(Auroville) 마을, 멜크(Melk) 수도원, 이런 곳들을 다니면서 마음속에 그림을 그렸다. 그리고 그것을 글로 썼다. 사람들이 조금씩 주목하기 시작했다. 점차 관심을 갖는 사람들이 많아졌다.

외국의 명소들을 둘러본 뒤에는 국내에서 가볼 만한 곳을 찾아다니기 시작했다. 어느 한 사람의 '황당한' 꿈이 현실로 바뀐 곳을 열심히 찾아 살펴봤다. 강원도의 '허브나라', 서해안의 '천리포 수목원'도 다녀왔다. 다음으로는 강원도 홍천에 있는 '아침고요수목원'을 찾아갈 심산이었다.

늘상 그렇듯이 아내에게 먼저 말했다. "이번에는 아침고요수목원에 한번 가봐야 해요"라고 말하자 아내가 반색했다. 그곳에 다녀온 적이 있고, 그곳을 설립한 한상경 교수와도 잘 안다는 거였다. 한 교수 부부의 초청으로 아내와 나, 아침지기 몇 사람이 아침고요수목원을 방문하게 됐다.

그 아름다운 수목원을 함께 거닐며 대화를 나누던 중 한상경 교수가 양지바른 언덕의 맨 중앙에 있는 나무를 가리켰다. "저 나무가 무슨 나무인지 아십니까?"라고 물었다. 그러고는 그 나무 아래로 안내하더니 "이 나무는 마로니에 나무입니다. 거목으로 자라나는 나무지요"라며 그 나무를 심게 된 사연을 들려주었다. 나는 그 이야기를 아침편지에 썼다. '꿈을 가진 사람은 서로 만난다'는 글이었다. 그 글이 오늘의 깊은산속 옹달샘을 있게 했다고 해도 과언이 아니다. 그 글을 짧게 요약하면 이렇다.

한상경 교수는 아침고요수목원을 만들겠다는 꿈을 갖고 일구던 초기 단계에 사기죄에 걸리는 등 절망 상태에 빠졌던 적이 있다. 그

때 서울에서 부인들 몇 분이 찾아 왔다가 그중 한 명이 "꿈을 이루시라"며 10만 원을 쾌척하고 갔다고 한다. 그래서 '이 돈을 어디에 쓸까' 궁리하다가 이 나무를 심었다고 했다.

"이 나무를 있게 한 분이 제 앞에 계십니다."

그러니까 내 아내가 지갑을 열어 10만 원을 쾌척하고 온 것이다. 그러고 10년이 지난 거였다.

우리가 돌아가려는데 배웅 나온 한상경 교수가 아내에게 '연애편지'라며 봉투 하나를 줬다. 안에는 감사하다는 편지와 함께 100만 원짜리 수표가 들어 있었다. 10만 원이 10년 만에 열 배가 되어 되돌아온 것이다. 아내에게 자초지종을 물었다.

"우연찮게 그곳에 가게 됐는데 골고다길을 걷게 됐어요. 지금은 작은 교회가 세워져 있지만 예전에는 십자가만 하나 있었지요. 그 골고다길을 올라가면서 큰 감동이 밀려오더라고요. 숲속에 십자가를 세워놓고 이런 꿈을 꾸는 사람의 꿈이 이루어졌으면 좋겠다는 생각에, 다른 생각 안 하고 지갑 열어서 있는 돈을 다 주고 왔어요."

나는 한상경 교수가 준 100만 원짜리 수표를 가지고 '이걸 어떻게 써야 할까' 밤새 뒤척였다. 그러다가 '그렇지. 이것도 무슨 섭리겠구나!' 싶었다. 그래서 그다음 날 아내와 내가 100만 원을 보태고 아들과 딸이 50만 원씩을 더해 300만 원짜리 통장을 만들었다. 그 통장의 이름을 '깊은산속 옹달샘'이라 정하고 내가 꿈꾸는 깊은산속 옹달샘의 밑그림을 구체적으로 그리기 시작했다.

그 이야기를 아침편지에 또 글로 썼다. 아침편지 회원이 100만 명

정도 됐을 때였다. "제가 꿈꿨던 '깊은산속 옹달샘'을 지금부터 시작하겠습니다." 이어 모금을 시작했다. 며칠 사이에 13억 원이 모였다. 이 돈으로 깊은산속 옹달샘의 부지(7만 평)을 매입했다. 그 땅을 매입하는 데 딱 13억 원이 들었다. 1원도 부족하거나 남지 않았다.

그다음에 필요한 것이 건축 설계와 건립이었는데, 이것은 실로 나의 상상 범위를 넘어서는 막대한 비용이 드는 일이었다. 세계 유수의 명상센터를 찾아다니며 마련한 마스터플랜을 돈으로 환산해 보니 800억 원이 필요했다.

두툼한 마스터플랜과 예산서를 들고 기자들에게 브리핑을 했더니 이상한 소문이 돌기 시작했다. '충주에 고단수 사기꾼이 나타났다'는 소문이었다. 한 절친은 나에게 웃으며 비아냥대듯 말했다. "거창한데? 1년에 1억 원씩 모아도 800년이 걸릴 프로젝트일세." 아찔했다. 이거 큰일났구나 싶었다.

하지만 나는 이것조차도 글로 썼다. 그리고 작은 걸음이라도 나 자신부터 실행에 옮기기로 했다. 비영리·비정치·비종교 재단인 '아침편지 문화재단'을 만들기로 결심한 것이다. 재단을 만들려면 5억 원의 기금이 필요했다. 어렵게 어렵게 장만한 나의 집을 기부하고 그 기금으로 마침내 '아침편지 문화재단'을 설립했다.

'800억 원의 예산으로 20년 내 완공 목표'라는 깊은산속 옹달샘의 실행 계획도 세웠다. 그 이야기를 또 글로 썼다. 그리고 모금을 시작했다. '벽돌회원' '나무회원' '나도 한 평 건축회원' 등 실로 기적 같은 일이 벌어지면서 20년을 목표로 했던 실행계획이 10년 만에 이루어졌다. 그 과정에서 말로 형언할 수 없는 어려운 길을 걸었다. 공사가 중단된 적도 여러 번 있었다. 그럴 때면 모든 걸 중단하고 골방에 가서 기도를 했다. 100일간 금식기도를 한 적도 있다.

훗날 S그룹의 한 재무 담당 임원은 이렇게 말했다. "아침편지 문화재단과 깊은산속 옹달샘의 재산적 가치는 최소 2,000억 원에서 최대 7,000억 원에 이른다." 그리고 이렇게 덧붙였다. "고도원 선생님의 글 몇 개가 7,000억 원의 가치를 창출했다."

그러나 오해가 없기를 바란다. 7,000억 원이 아니라 그 이상의 재산적 가치를 지닌 그 무엇이라 할지라도 이는 개인의 소유가 아니다. 그럴 리야 없지만, 아침편지 문화재단이 해체되면 그때는 지자체 소유로 귀속되므로 내 개인 재산이 아니게 된다. 처음부터 그렇게 설계된 공적 재산일 뿐이다. 국가 재산으로 귀속되어 공적 재산으로 대물림할 수 있는 것이다.

꿈은 무엇으로 어떻게 이루어지는가? 나의 답은 분명하다. '글'로 이루어진다. '기도'로 이루어진다. 기도와 글은 꿈의 통로가 된다. 그렇기에 꿈은 땀과 눈물이 합해진 결과이기도 하다. 그리고 그 과정에는 글이 있다. 꿈 노트에 적은 한 줄이 어느 날 현실이 됐을 때 7,000억의 가치를 창출할 수 있다. 그것이 글의 힘이다.

5장

글은 치유다, 글은 성장이다

위기의 변곡점이 되어준 '아침편지'

2001년 8월 1일은 나의 글쓰기 인생에서 큰 변곡점이 된 날이다. '고도원의 아침편지'가 시작된 것이다.

희망이란 본래 있다고도 할 수 없고 없다고도 할 수 없다. 그것은 마치 땅 위의 길과 같은 것이다. 본래 땅 위에는 길이 없었다. 한 사람이 먼저 가고 걸어가는 사람이 많아지면 그것이 곧 길이 되는 것이다.

루쉰이 쓴 『고향』이라는 책에 있는 글귀다. 나는 아침편지에 이 글귀를 소개하면서 이렇게 적었다.

그렇습니다. 희망은 처음부터 있었던 것이 아닙니다. 아무것도 없는 곳에서도 생겨나는 것이 희망입니다. 희망은 희망을 갖는 사람에게만 존재합니다. 희망이 있다고 믿는 사람에게는 희망이 있고, 희망 같은 것은 없다고 생각하는 사람에게는 실제로도 희망이 없습니다.

눈으로는 20초 만에 읽을 수 있는 짧은 글이었다. 이 짧은 글이 내 인생을 돌이킬 수 없을 정도로 바꾸어놓았다. 나도 많이 놀랐다. 내 일상이 바뀌었다. 아침편지는 여러 통로로 번지고 퍼졌다. 오늘도 아침편지를 받으신 분이 400만 명에 이른다. 휴대폰으로 받는 분도 110만 명이다.

그렇다면 아침편지는 어떻게 어디에서 탄생했는가? 먼발치가 아니었다. 내가 발 디디고 있는 곳, 내가 일하는 곳, 내가 자고, 먹고, 땀 흘리고, 슬퍼하고, 기뻐하는 그 현장에서 시작됐다. 이 편지를 쓰게 한 현장은 청와대였다.

김대중 대통령의 연설문을 쓰는 책임자로 5년 동안 일했다. 청와대 1급 비서관 자리였다. 청와대는 부침(浮沈)이 심한 곳이다. 5년 동안 한자리에 있기가 매우 어렵다. 어느 칼에 날아갈지 모른다. 그래서 청와대에서 1급 비서관이 5년 동안 한자리에 있는 것을 농담 삼아 '임파서블(impossible)'이라고 얘기한다. 거의 불가능한 일이라는 뜻이다. '미라클(miracle)'이라고도 했다. 기적에 가깝다는 뜻이다.

그 5년 동안 내가 정식 휴가를 낸 시간은 고작 사흘이었다. 왜 사흘밖에 못 쉬었을까. 한 주 동안 적게는 세 건에서 많게는 열 건의 대통령 연설문을 써야 했기 때문이다. 연설비서관을 우스갯소리로 '커피 자판기'라고 부르기도 했다. 누르면 연설문이 나와야 하니까. 그렇게 하기 위해서는 남다른 준비가 필요했다. 토요일, 일요일에도 청와대 빈 사무실에 출근해서 핵심 주제, 키워드를 잡아채놔야 했다. 그래야 월요일에 출근할 때 마음이 편할 수 있었다.

그러자 몸에 이상이 오기 시작했다. 우선 몸이 무거워졌다. 아침에 일어나기가 힘들었다. 목과 어깨가 점점 굳어갔다. 글 쓰는 사람에게 가장 조심해야 할 것이 있다. 몸이 굳어버리는 일이다. 목이 굳고, 어깨가 굳고, 마침내 오른팔이 굳었다. 오른손잡이였던 내가 왼손잡이로 바뀌었다. 마우스도 왼손으로 쓴 지 오래다.

어느 날이었다. 매우 중대한 연설문을 급히 써야 하는 일이 생겼다. '내가 3시간만 살아 있으면 좋겠다. 이게 마지막 연설문이어도 좋다. 3시간만 명징했으면 좋겠다' 하며 집중했다. 초안을 쓰고 일어섰는데 박제된 동물처럼 몸이 안 움직였다. 드디어 올 게 왔구나 싶었다. 그래서 고개부터 풀어보려고 목을 휙 돌리다가 번개를 맞았다. 일종의 '풍'이었다. 전형적인 '번아웃'이었다. 고무줄이 팽팽하게 있다가 툭 끊어지는 듯한 느낌이었다. 무력하게 무너지는 그 짧은 순간이 나에게는 지금도 긴 영상으로, 트라우마로 남아 있다. 아, 사람이 이렇게 가는구나, 싶었다.

이 '임사 경험(dead experience)'이 내 인생을 바꿨다. 이후 눈을 뜨게 된 것은 다시없는 행운이었지만 보이는 것, 들리는 것이 달라지기 시작했다. 놓쳤던 것들이 보이기 시작했다. 내 삶의 우선순위가 바뀌었다. 새소리 바람 소리가 들리기 시작했다. 나는 이 세상에 새소리 바람 소리가 있는 줄 모르고 살았다. 새소리 바람 소리를 듣는데 눈물이 나기 시작했다. 내 감성의 빗장이 열리기 시작했다.

그날 이후 내 삶을 덤이라고 생각했다. 그 생각은 지금도 유효하다. 덤이라고 생각하니까 '겁'이 없어지고, 욕심이 사라졌다. 마음이 대체로 평화로워졌다.

내 삶이 조금은 이타적인 방향으로 터닝하기 시작했다. 나에게 의미 있으면서 다른 사람에게도 의미 있는 일은 무엇일까? 나에게 행복인데 다른 사람에게도 행복한 일은 무엇일까?

내가 가진 것이라곤 무진장한 독서 카드밖에 없었다. 이메일이 보급되어 확산되기 시작한 상황에서, 섬광 같은 아이디어가 번쩍 떠올랐다. 독서 카드의 좋은 글귀에 나의 생각과 코멘트를 담아서 이메일로 보내보자. 그래서 시작한 일이 '고도원의 아침편지'였다. 그 아침편지가 나를 살렸다. 더불어 많은 사람들을 살려냈다.

상처의 뿌리로 들어가서 쓰기

나는 오랫동안 아침편지를 쓰면서 누구보다 나 자신이 치유되는 경험을 했다. 그리고 많은 사람들이 치유되는 모습들을 지켜봤다. 실패, 좌절, 이별, 시련, 슬픔…… 가까운 누군가의 죽음, 상실, 절망. 그때 슬퍼만 할 수 있나? 절망만 할 수 있나?

글쓰기는 치유의 역할도 한다. 치유의 글쓰기다. 슬픔의 시간, 절망의 시간에는 할 수 있는 일이 많지 않다. 그러나 글쓰기는 가능하다. 그 글쓰기를 통해 슬픔과 절망의 시간을 넘어설 수 있다. 자기 글이 아니어도 좋다. 남의 글을 베끼는 일도 괜찮다. 글쓰기는 나만의 행복한 시간, 정화의 시간, 치유의 시간을 만들어줄 수 있다.

글쓰기, 필사, 필경(筆耕). 이것들이 자신의 정화를 도와준다. 스스로 치유하는 행위이다. 글 쓰는 자체가 치유이고, 끄적거리는 행위가 치유의 과정이다. 서예, 붓글씨 쓰기를 생각해 보라. 그 행위만으로도 자기 안에서 정화가 이루어진다. 자기만의 놀이다. 자기만의 치유다. 그냥 쓰면 된다. 그저 끄적이는 것이다. 그 끄적임 속에서 의미가 튕겨 나온다. 단어가 살아 움직이기 시작한다. 자기도 놀라게 만드는 글이 나온다.

명상에서의 치유는 슬픔을 걷어내는 게 아니다. 슬픔을 기쁨으로 바꾸는 것이다. 주어진 상황과 조건을 바꾸는 게 아니라 나의 관점과 생각을 바꾸는 일이다. 그것이 진정한 치유다. 아픔은 그대로 있다. 슬픔도 그대로 있다. 그런데도 기쁘다. 그게 치유다. 현상은 그대로 있지만 거기에서 기쁨을 발견하고 고마움을 찾고 보람을 얻는다. 마음의 상처, 아픔을 그것대로 있게 하면서 정화시키고 흘려보내고 벗 삼는다.

그러니 그저 끄적이라. 그 끄적임에 몰입하라. 반복하다 보면 손끝에 영감이 달려 나온다. 자신만의 글이 나온다.

치유하는 글쓰기는 혼자서 가능하다. 상대가 있어야 하는 대화나 상담과 다르다. 내가 내 아픔과 상처의 가장 깊은 곳까지 스스로 돌아보는 과정이다. 그 뿌리까지 혼자서 들어가며 글로 써보는 일이다. 틀림없이 눈물이 쏟아져 나올 것이다. 펑펑 울며 쓰다 보면 막장의 쓴물까지 토해내게 될 것이다.

뭔가가 툭 터진다. 폭발한다. 오열한다. 내 몸과 마음에 정화 작용이 일어나는 것이다. 그것이 치유의 글쓰기다.

삶에서 느끼는 가장 아픈 부분부터 써보라. 예를 들어 '아들 때문에 상처 입은 엄마'라면 그 부분부터 써보기 시작하라. 아름다운 문장이 아니어도 좋다. 쓰는 동안 눈물이 나서 한나절을 울지도 모른다. 마음이 너무 아파서 칼끝이 심장에 박힌 느낌이 들지도 모른다. 그것을 느낀 그대로 써보자.

그렇게 반나절, 한나절, 이틀, 사흘, 견디며 쓰다 보면 변곡점이 반드시 온다. 일종의 깨달음이다. 그 깨달음에서 나오는 생각과 느낌들이 이전에는 놓쳤던 전혀 새로운 단어로, 문장으로 튕겨 나온다. 자신도 미처 생각하지 못했던 기막힌 표현, 남다른 문장이 샘솟듯 쏟아져 나온다. 나를 아프게 했던 상처와 아픔이 더없이 귀하고 고마운 글의 재료로 바뀌는 것이다.

내 안에 가득 찬 분노와 미움을 비틀고 꺾어 글로 나타내다 보면 뜻밖의 표현들을 만나게 된다. 조금 전까지 미워 죽겠던 사람에게도 사랑과 연민이 생긴다. 증오나 슬픔, 상처나 분노가 사랑과 연민의 다른 얼굴이었음을 발견하게 된다. '내 안에 이런 단어가 숨어 있었구나' 하고 느끼게 된다.

다른 사람의 책도 더 잘 읽힌다. '어! 나와 같은 일을 경험하고 있네' '나보다 훨씬 멋진 말로 표현했네' 이러한 점들을 발견하게 된다.

지독한 짝사랑의 열병을 앓다 보면 아무리 어린 나이라 해도 셰익스피어의 『말괄량이 길들이기』가 쉽게 읽힌다. 빨려들 듯 읽힌다. 단어 하나, 문장 하나, 표현 하나하나에서도 전율을 느끼며 읽게 된다. 그러면서 글쓰기의 길을 찾기에 이른다. '셰익스피어는 이렇게 글을 썼구나. 그래서 이런 불멸의 희곡이 나왔구나.' 이것을 발견한다. 발견하는 순간 희망을 얻는다. 나도 한번 흉내 내봐야겠다, 이 길을 걸어봐야겠다, 다짐하게 된다.

자신을 구해낸 치유제

언젠가 신문기사를 통해 10대 여자아이가 쓴 동시를 보고 깜짝 놀란 적이 있다. 이른바 '잔혹동시'다. 혹시 기억하는 사람이 있을지 모르겠다.『솔로 강아지』라는 동시집에 실렸던「학원 가기 싫은 날」이라는 시였다.

더 놀라게 한 것은 이 글과 함께 소개된 삽화였다. 한 여자아이가 쓰러진 엄마 옆에서 심장을 뜯어 먹고 있는 그림이었다. 잔혹한 동시에 잔혹한 삽화가 더해지니 여러 논란을 불러일으켰다. 논란이 과열되자 동시집 발행인은 "일부 내용이 표현의 자유의 허용 수위를 넘어섰고 어린이에게 부정적 영향을 줄 수 있다는 내용의 항의와 질타를 많은 분들로부터 받았다"라며 동시집 전량을 폐기했다.

비평가 진중권도 자신의 트위터를 통해 한마디 거들었다. "'어린이는 천사 같은 마음을 갖고 있다'고 믿는 어른이들의 심성에는 그 시가 심하게 거슬릴 것"이라며 "그런 분들을 위해 시집에서 그 시만 뺀다면,『솔로 강아지』에 수록된 나머지 시들은 내용이나 형식의 측면에서 매우 독특해 널리 권할 만하다"라고 말했다.

나는 생각이 조금 다르다.

엄마에 대한 끔찍하기 그지없는 표현을 서슴없이 토해낸 이 동시는, 이 시를 쓴 열 살 아이가 스스로 자신을 구해낸 치유의 글이라고 생각한다. 어쩌면 막다른 골목에서 행여라도 감행했을지 모를 극단의 선택을 사전에 막아내는 예방약이자 치유제 역할을 했을 것이다.

극단의 선택을 하는 사람들에게는 반드시 전조가 있다. 이 시는 일종의 전조를 나타낸 글이라 할 수 있다. 무슨 말인지 의아해할 분들을 위해, 다른 사례를 들어 전조에 대한 설명을 해보려 한다(논점을 분명히 하기 위해, 미안하지만 학교 이름을 밝히겠다).

서울대학교 교수 한 분이 어느 날 망연자실한 모습으로 나를 만났다. 오랫동안 아침편지를 받아 본 열혈독자였고, 명상 프로그램과 여행을 함께 하며 편하게 대화해 온 교수였다. 그분은 자신의 수제자가 대학원 시험에 수석 합격했는데 갑자기 자살을 해 너무도 큰 충격을 받았다고 했다.

더 충격적인 것은 그 수제자가 극단적 선택을 한 이유를 아무도 모른다는 사실이었다. 교수인 자신은 물론 부모도, 친구들도, 사귀던 애인도, 그 누구도 그가 왜 죽음을 택했는지 모른다고 했다. 이야기를 듣고 나서 내가 말했다. "틀림없이 전조가 있었을 겁니다. 다만 아무도 그걸 알아채지 못했을 뿐이겠지요."

앞에서 말했듯이 극단의 선택을 하는 사람에게는 반드시 전조가 있다. 그 전조는 대부분 깊은 상처에서 비롯된다. 상처를 치유하지 못하면 언젠가 무서운 결과를 초래한다. '화' '분노' '미움'을 잘 다스리지 못하면 더 무서운 결과를 초래할 수 있다. 상처와 미움과 분노가 꼭짓점에서 만나 극한에 이르면 타인을 죽일 수 있고, 자신을 죽일 수도 있다.

어린아이들은 더 취약하다. 걷잡을 수 없는 위험에 쉽게 노출된다. 어른이 보기에 아무것도 아닌 것 같은 일에 충격적인 행동을 보인다. 바로 그때 그의 말과 글과 행동에서 얼핏얼핏 나타나는 것이 전조다. 치유는 이 전조들을 미리 터트리는 것이다. 바늘로 작은 구멍을 내어 풍선의 바람을 빼버리듯이, 바늘로 바람을 빼는 역할을 하는 도구가 '글'이다.

앞서의 잔혹동시로 다시 돌아가보자. 이 아이는 어떤 이유로든 학원에 가기 싫은 마음을 여러 형태로 어머니에게 표현했을 것이다. 죽고 싶고, 죽이고 싶을 만큼 싫어하는 자기 마음을 반복해서 무시해 온 어머니에게 극한의 반감을 품었음에 틀림없다. 그 극한의 반감이 이렇게 동시로 터져 나온 것이다.

이걸 터뜨리지 않고 마음에 그대로 품고 있었다면 어찌 되었을까. 어느 날 갑자기 엄마에게, 또는 자신에게 비수를 던졌을지도 모른다. 예기치 못한 엄청난 불행이 일어날 수도 있다. 그 전에 잔혹동시로 바람을 빼버린 것이다.

자기를 옥죄고 있는 마지막 쓴 뿌리, 극단의 마지막 표현을 터뜨리는 행위가 '치유의 글쓰기'다. 실제로 엄마를 그렇게 하겠다는 게 아니라 그때의 느낌이 그랬다는 것이다. 그때의 느낌과 생각을 가감 없이 썼기 때문에 이 아이는 오히려 건강해졌다. 마음이 풀리고 치유됐다. 아무 소리도 없이 잠자코 있다가 일을 저지르는 아이보다 훨씬 덜 위험한 아이다. 이를 계기로 훨씬 더 건강하고 밝은 눈으로 세상을 볼 수 있다.

사람들은 왜 잔혹스런 폭력 영화를 즐겨 볼까? 폭력 영화가 뭇사람의 폭력을 조장하는 부작용이 없지 않지만, 그보다는 인간의 내면에 잠재된 폭력의 바람을 빼내는 긍정의 효과도 있다. 인간의 심리에 내재된 잔혹함은 영화나 글로 표현하는 순간 소멸되는 특징이 있다.

문제는 이를 받아주는 '엄마'가 존재하느냐 하는 점이다. 엄마가 파르르 떨거나, 학교와 우리 사회가 칼을 들고 이를 처단하려 나서면 잔혹동시를 쓴 천재 시인은 '위험한 아이'로 간주된다. 이는 우리 사회의 미성숙을 보여주는 예가 될 수 있다. 글의 표현을 어느 수준까지 받아주고 용납하느냐, 그에 대한 사회의식이 높아질 때 문화적·예술적 역량이 높아진다.

"내가 만일 글을 쓰지 않았으면 범죄자가 됐을지 모른다. 나는 범죄를 저지르지 않기 위해 창작을 택했다."

알베르 카뮈의 말이다. 이 말은 카뮈의 스승이자 문학적 동료인 장 그르니에(Jean Grenier)의 회고록 『카뮈를 추억하며』에 기록되어 있다.

이 말에 동의한다. 나도 글을 쓰지 않았다면 오늘날 어떻게 살고 있을지 모른다. 젊은 의분과 혈기 때문에 방화범이 됐을 수도 있다. 소년 시절 6년 동안 한 소녀를 짝사랑하다 끝내 딱지를 맞았다. 그걸 글로 표현하지 않았다면 그 혈기에 무슨 일을 저질렀을지 모른다. 대학을 다니다가 긴급조치 9호로 제적되어 10년 동안 절망의 계곡을 걸었다. 그때 독서를 하지 않았다면, 글을 쓰지 않았다면, 지금쯤 정말 험악한 범죄자가 됐을지도 모른다.

한 생명을 살릴 수 있다면

글은 글로써 치유한다. 내가 썼던 글이 나를 회복시켜 기자가 되게 했고, 대통령 연설문을 쓰게 했다. '고도원의 아침편지'를 쓰게 했다. 지금도 나는 매일매일 쓰는 아침편지를 통해서 스스로 치유받고 있다. 그리고 더러는 다른 많은 사람들을 치유하고 있다.

아침편지를 써온 지난 24년 동안, 고맙게도 아침편지를 통해 치유됐다는 사람들을 수없이 만나왔다. 가장 강력한 사례는 인천에 사는 한 30대 초반의 여성이었다. 어느 날 이분이 내게 메일을 보내왔다. 요약하면 이런 내용이었다.

"고도원 선생님, 제가 극단의 선택을 하려 결심했습니다. 그래서 책상을 정리했습니다. 옷장을 정리했습니다. 은행 계좌도 정리했습니다. 마지막으로, 이메일을 정리하려 했습니다. 그동안 열심히 받아보던 아침편지를 '오늘이 마지막이네' 하고 클릭하게 됐습니다. 이날 편지 제목이 '바닥에서 우뚝 서기'였습니다. 이 글을 읽고 제가 생각을 바꾸었습니다. 선생님이 저를 살려주셨습니다."

그녀가 스스로 자신의 전조를 홀로 드러낼 즈음에, 공교롭게도 그날의 '운명적인' 아침편지를 만난 것이다.

나는 오늘도 '자살을 하려다 생각을 바꾼' 그 여성을 생각하며 아침편지를 쓴다. 아무도 안 읽는 그날 오직 그 한 사람, 단 한 사람이 읽어 생명을 살렸다면 아침편지는 그날 '대박'을 터뜨리는 셈이다. 한 사람의 생명을 살리는 일보다 더 큰 대박이 또 있을까? 그 치유의 힘을 믿고 나는 오늘도 아침편지를 쓴다. 어려움도 있고 고통도 크지만 그보다 보람이 더 크기에 아침편지를 계속 쓴다.

글쓰기가 곧 명상인 이유

나는 오늘도 '고도원의 아침편지'를 처음 쓸 때 품었던 초심, 그때의 소박했던 마음을 깊이 되새긴다. 이 초심을 유지하기 위해 나는 명상을 해오고 있다.

글쓰기는 산고(産苦)와 비슷하다. 쓸 때는 괴롭고 힘든데, 쓰고 나면 그걸 잊고 또 쓴다. 마치 어머니들이 엄청난 산고를 겪으며 아이를 낳았음에도, 그 아이를 보면 너무나 예뻐서 또 아이를 낳는 것과 같다. 글을 쓰는 일은 고통이지만, 몰입함으로써 그 고통을 잊게도 된다. 그 몰입이 바로 명상의 핵심이다.

물론 글쓰기와 명상에는 차이점이 있다. 명상은 특별한 준비 없이도 언제든 할 수 있다. 그러나 글쓰기에는 상당한 준비가 필요하다. 미리 공부해야 한다. 글을 쓰기 위해서는 알아야 되고, 알기 위해서는 읽어야 한다. 책도 읽어야 하지만 세상도 읽어야 하고 사람도 읽어야 한다. 그런 준비 없이는 글이 안 된다.

수십 장, 수백 장의 파지를 내면서 겨우 한 줄이 완성되고, 그다음 장으로 넘어가고, 또 그다음 장으로 넘어가는 과정 자체도 엄청난 명상이다. 파지를 낸다는 것은 보통 짜증나는 일이 아니다. 인내심이 필요하고, 자기 성질도 죽여야 한다. 오로지 글쓰기에만 집중하고 몰입해야 글이 한 줄 한 줄 쓰인다.

이러한 면에서 글쓰기 과정에는 명상과 일치하는 점이 많다. 몰입이 필요하다는 점에서 보면 글쓰기는 사실 그 자체가 엄청난 명상이다. 글을 쓰기 위해서는 마음이 고요해야 한다. 그냥 고요하기만 해서는 안 된다. 고요하되 순간에 몰입해야 한다. 글쓰기에 몰두할 때는 오직 그 순간에만 집중하게 된다. 명상에서 현재 순간에 몰입하며 마음을 고요하게 만드는 과정과 비슷하다. 그 과정을 좀 더 세분해 살펴보자.

첫 번째, 힘 빼기

명상의 첫 번째 단계는 이완이다. 릴렉스. 운동선수로 치면 스트레칭이다. 힘을 빼는 것이다. 프로 골프 선수가 힘을 빼기까지는 3년이 걸린다고 한다. 글쟁이는 힘을 빼는 데 평생이 걸린다. 평생을 두고도 힘을 빼지 못하는 글쟁이가 수두룩하다.

명상에서 이완은 무엇으로 하는가? 심호흡으로 한다. 이 심호흡은 글쓰기에서도 유용하다. 한번 실험해 보라. 글쓰기 전에, 컴퓨터 자판을 두드리기 전에 30초만이라도 심호흡을 해보라. 길고, 깊고, 고요하고, 가늘게, 숨을 들이쉬고 내쉬어보라. 배, 단전에 의식을 집중해 보라. 몸과 마음이 이완되면서 저절로 힘이 빠질 것이다. 마음이 안정되고 글쓰기에 몰입할 수 있는 태세가 갖춰질 것이다.

기왕 말이 나왔으니 심호흡을 한번 연습해 보자. 허리를 반듯이 펴고 편안하게 앉는다. 백회(百會)와 회음(會陰)이 수직이 되게 앉는다. 백회는 머리 정수리를 말한다. 회음은 성기와 항문 사이에 있다. '제1차크라'라고도 한다. 그렇게 앉아 허리를 곧게 펴면 척추가 반듯해진다. 척추가 반듯해야 들숨, 날숨이 쉬어진다.

길고, 깊고, 고요하고, 가는 호흡을 몇 차례 반복해 보라. 들이쉬는 들숨보다 내쉬는 날숨을 길게 하는 것이 핵심이다. 그러면 숨이 저절로 길어지고, 깊어지고, 커진다. 들어가는 숨이 커지면 내쉬는 숨이 길어지고, 내쉬는 숨이 길어지면 들어가는 숨이 커진다. 이것을 반복해 보자. 들이쉴 때는 코로 들이쉬고 내쉴 때는 입을 벌려 '하' 하며 내쉰다.

힘을 들여 호흡하지 말라. 편안하게 하라. 이 과정을 거치면 몸과 마음이 이완되면서 편안해진다. 글도 잘 써진다. 장담컨대 글의 속도부터가 달라진다. 나는 이걸 너무 늦게 알았다. 글쓰기에서도 '이완', 다시 말해 '힘을 빼는' 첫 단계가 얼마나 중요하고 필요한지를 명상을 하면서 비로소 깨닫게 됐다.

글에서의 이완, 곧 힘을 뺀다는 것은 두 가지로 설명할 수 있다.

첫째는 몸의 이완이다. 몸이 긴장 상태로 굳어 있으면 글쓰기가 어렵다. 너무 과격한 운동으로 통증이 남아 있는 상태에서는 글을 쓸 수 없다. 손가락의 이완도 필요하다. 손가락에 힘이 들어가 있으면 어떤 필기도구를 쥐어도 불편하다. 글을 쓰기 전에 손을 털고 부비고 하면서 손가락을 부드럽게 준비시키는 것이 좋다.

그런데 손가락이란 게 참으로 묘해서, 연필이나 볼펜, 사인펜이나 만년필을 쥐었을 때의 기운이 전혀 다르다. 만년필을 쥐었을 때에는 풀리지 않던 손가락이 볼펜을 쥐면 쉽게 부드러워지고 글쓰기가 편해지는 것을 경험하게 된다. 물론 그 반대의 경우도 있다. 만년필을 쥐어야 글이 써질 때도 있다. 필기도구를 바꾸어가며 손가락을 이완시키는 것, 매우 유용한 방법이 될 수 있다.

둘째는 마음의 이완이다. 너무 화가 난 상태에서는 글을 쓰기가 어렵다. 비분강개하거나, 큰 절망에 망연자실하거나, 너무 슬퍼 폭풍처럼 오열하는 상태로는 글을 쓸 수 없다. 가라앉혀야 한다. 평상시의 숨쉬기로 돌아와야 한다. 분노, 절망, 슬픔을 버리라는 뜻이 아니다. 그 감정을 꿀꺽 삼키되 손가락이 부들부들 떨지 않도록 마음을 다스리라는 뜻이다.

두 번째, 지금 여기에 집중하기

명상의 두 번째 단계는 몰입이다. 호흡에 몰입하면 '호흡 명상', 걷기에 몰입하면 '걷기 명상'이다. 춤에 몰입하면 '춤 명상'이고 독서에 몰입하면 '독서 명상'이다. 몰입은 'now and here'이라고도 표현한다. '지금, 여기'에 집중하는 것이다. 이 또한 훈련이 필요하다.

다시 말하거니와 글쓰기는 그 자체로 최고의 명상이다. 나의 경험 세계에서는 더욱 그렇다. 포탄이 떨어지는 전장에서도 쓸 수 있는 게 글이다. 몰입하면 포탄 소리가 들리지 않는다. 포탄이 터지는 소리는 들리지 않고 오히려 포탄 소리 사이사이의 새소리, 바람 소리를 듣게 된다. 그것을 잡아채는 행위가 글이다.

글을 쓰다 30분 지난 줄 알았는데 몇 시간이 훌쩍 지난 경험이 있다면 이미 상당한 몰입의 경지에 올라선 것이다. 글을 쓰다 밤을 꼬박 새웠는데 피곤하지 않다면 이미 명상이 된 것이다. 밤새 글을 쓰고 새벽에 겨우 한숨 잤을 뿐인데 "얼굴에서 빛이 난다"라는 얘기를 듣게 된다. 그때의 개운함과 충만감은 글을 쓰는 사람만이 경험할 수 있는 특별한 선물이다.

세 번째, 고통에서 기쁨으로

명상의 마지막, 세 번째 단계는 변화다. 명상의 모든 과정은 '변화'라는 결과물로 마무리된다. '깨달음' '치유' 등도 그 변화에 든다. 미처 알지 못했거나 놓쳤던 사실을 다시 깨닫게 하고, 맺혔던 응어리를 스스로 풀어지게 하는 힘이 명상에 있다.

변화의 궁극점은 기쁨이다. 이완과 몰입의 결과가 '기쁨'으로 변화되어 나타나는 것이다.

글쓰기의 마지막 단계도 '기쁨'이다. 'Joy'다. 온갖 불편한 상태에서 밤새 고생하며 글을 써냈을 때, 마지막 문장을 쓰고 손을 털었을 때 그전에 겪어보지 못한 기쁨이 솟구쳐 올라오는 것을 경험하게 된다. 참으로 깊은 치유다. 글쓰기는 곧 깨달음이고, 치유이고, 기쁨이다. 명상의 전 과정과 거의 일치한다.

명상은 반복이다. 반복 훈련을 거치지 않으면 명상은 자기 것이 되지 않는다. 일회성의 경험에 그칠 뿐이다.

글쓰기도 반복이다. 그 반복이 고통으로만 여겨지면 곤란하다. 그 고통의 구간을 고통이 아닌, 기쁨으로 받아들이는 체질이 되어야 한다. 반복해서 글을 쓰는 과정이 기쁨이 되고, 글이 완성되는 순간 '아, 행복하다!' '아, 기쁘다!' 하는 감정을 느끼지 못하면 이내 지쳐버린다. 글쓰기 행위 자체가 기쁨이 되면, 내 몸과 마음을 힐링하는 치유의 도구가 되면 성공이다.

글은 춤이 돼야 한다. 내가 쓴 글을 읽고 누군가가 춤을 춰야 한다. '누군가가 춤을 춘다'는 뜻은 무엇일까? 절망에서 희망을 발견했다는 뜻이다. 슬픔에서 기쁨을 건져 올렸다는 뜻이다. 인생의 처절한 저점이 최상위의 고점으로 승화됐다는 뜻이다. 죽고 싶었는데 그 사람의 글 때문에 내가 살게 됐다는 뜻이다. 글 쓰는 사람도, 그 글을 읽는 사람도 함께 춤추는 세상이 됐으면 좋겠다.

글쓰기에 적용한 명상

명상의 과정인 '이완, 몰입, 변화(깨달음, 치유, 기쁨)'를 글쓰기에 쉽게 적용할 수 있도록 매뉴얼로 다시 정리해 보겠다.

이완

- 긴장을 풀어라. 주먹을 쥐었다 폈다 하고, 손바닥을 활짝 펴고서 몇 차례 탈탈 털어라.
- 마음을 풀어라. 잠시 눈을 감고, 길고 깊으며 고요하고 가는 호흡을 몇 차례 반복하라. 글쓰기에 몰두할 마음의 준비를 행복한 마음으로 하라.
- 자유롭게 써라. 처음부터 완벽하게 잘 쓰려고 하지 말고 자유롭게 생각나는 대로 마구 써보라. 단어, 어휘, 문장에 집착하지 말고 떠오르는 생각과 느낌을 손 가는 대로 적어라.

몰입

- 깊은 집중과 흐름에 빠져들어라. 이완이 됐다면 이제는 글의 흐름에 온몸으로 집중하라. 스스로 글 속에 빠져들면서 마음속에 떠오르는 영감과 이미지를 문장으로 풀어내라. 생각의 흐름을 막지 말고 흐르는 대로 써라. 글의 내용에 집중하라.
- 일정 시간 동안 쉬지 말고 써라. 이를테면 10분, 30분, 1시간, 2시간을 정해놓고 어떤 일이 있어도 그 시간 동안 계속 글을 써라. 글에 집중하며 쉬지 않고 써보는 방식으로 몰입 상태를 유지하라. 스스로 놀라운 경험을 하게 될 것이다.
- 주제와 나를 하나로 연결해 보라. 글의 주제와 자신의 내면이 하나가 되도록 현재의 감정과 떠오르는 생각에 몰입하라.

변화

- 글쓰기를 통해 깨달음과 치유를 경험해 보라. 글을 쓴 뒤 남의 글처럼 다시 읽어보라. 그리고 어떤 깨달음을 얻을 수 있었는지 스스로에게 질문해 보라. 이를 통해 자신을 더 깊이 이해하는 통찰을 얻을 수도 있다.
- 치유의 글쓰기에 도전해 보라. 자신의 내면의 아픔이나 고통, 고민, 억눌린 감정이나 불안을 가감 없이 글로 표현해 보라. 자신에게 편지를 쓰거나 현재의 감정을 솔직하게 적는 일도 좋다. 그 과정에서 스스로도 놀라는 치유의 경험을 하게 될 것이다.
- 기쁨을 느껴보라. 기쁨을 발견하라. 글쓰기의 결과와 상관없이 글을 쓴다는 자체에 대한 기쁨, 글을 다 썼다는 성취감에 대한 기쁨을 느껴보라. 그 기쁨이 저절로 샘솟고 있다고 자기 최면을 걸어라. 글로 자신을 표현하고, 깨달음과 변화를 경험하는 기쁨이 글 쓰는 사람에게만 주어지는 특권임을 스스로에게 각인시켜라.
- 명상과 기도 후에 글을 써보라.

이상과 같은 명상의 단계들을 글쓰기에 적용하라. 글쓰기가 단순한 표현 활동을 넘어 내면을 치유한다는 깨달음, 자신을 발견하는 기쁨을 얻게 될 것이다.

글쓰기는 인내다

 글쓰기는 인내를 요구한다. 끝없는 반복행위이기 때문이다. 이 또한 훈련이다. 오늘이라도 바로 시작할 수 있는 글쓰기의 반복 훈련은 편지 쓰기, 일기 쓰기이다.
 돌아보면 나에게도 그 편지 쓰기 훈련의 시작점이 있었다. 앞에서도 얘기했듯, 초등학교 6학년 때 만난 소녀를 무려 6년 동안 짝사랑하면서 거의 매일 반복해서 썼던 '사랑의 편지', 그것이 나를 글쟁이로 훈련시켰다. 20대 청년 시절, 군대에서 보낸 고통스러운 시간 중에도 나는 아내에게 '연애 편지'를 썼다. 유일한 낙이었다. 그 편지도 거의 매일 썼다. 그 편지들을 아내는 지금도 보관하고 있다. 그 편지에 "뽕 갔다"라는 말도 한다. 애증이 교차되는 한 사람의 여인에게 보낼 편지를 밤새 썼다 지웠다 수없이 반복하는 일이 결코 쉽지 않다. 많은 인내가 필요하다.

그런데 행복한 인내다. 글쓰기의 반복은 고통의 반복이기도 한데 이 또한 행복한 반복이다. 쓰다 보면 에너지가 다 소진되지만, 다 쓰고 나면 몇 곱절 더 채워진다. 신비롭게도 지치지 않는다.

글쓰기에 대한 전문적 훈련은 대학신문 기자가 되면서 시작되었다. 6하원칙에 따라 1단 기사를 쓰는 일부터 배웠다. 그 1단 기사를 능수능란하게 쓰기란 쉽지 않다. 하루아침에 되지 않는다. 선배들로부터 호된 훈련을 받았던 그 시기에 나는 정말 고약한 선배를 만났다.

지금도 기억난다. '김수남'이라는 호랑이 선배였다. 선배는 같은 1단 기사를 매번 5회 이상 쓰게 했다. 한 줄짜리 기사를 열심히 써 가면 벼락같이 혼을 냈다. 두 번, 세 번, 네 번, 읽지도 않고 짝짝 찢어버렸다. 입에 담을 수 없는 욕지거리도 했다. "이것도 기사야? 이게 글이야? 이 XX야!!"

나도 더는 참을 수 없었다. 그래서 어느 날 '이 고약한 선배와 붙어봐야겠다' 하며 나름 작전을 짰다. 네 번째 기사까지 퇴짜를 맞고, 마지막 다섯 번째 원고를 첫 번째에 썼던 기사 그대로 옮겨 썼다. 선배는 그 기사를 읽어보지도 않고 "됐어" 하더니 통과시켰다. 그래서 내가 소리를 질렀다.

"도대체 뭐 하는 겁니까! 처음이나 마지막이나 똑같은 기사인데 왜 첫 기사는 찢어버리고 마지막 기사는 통과인 겁니까?"

그러고 나서 그 선배로부터 야구 방망이로 엉덩이를 흠씬 두들겨 맞았다(그때는 그런 문화가 있었고, 가능했다). 돌아보면 그때는 미처 깨닫지 못했다. 이것이 반복 훈련의 과정이라는 것을. 이제는 고인이 된 그 선배가 너무도 고맙다.

더욱 고마운 점은 그 선배의 도움으로 《뿌리깊은나무》의 기자가 될 수 있었다는 사실이다. 한 줄짜리 글을 반복해서 완성된 글을 만들어본 경험은 글 쓰는 사람에게 매우 중요하다. 그 선배가 이런 말을 했다.

"기자가 되기 전에 사람이 되어야 한다. 어떤 사람이냐? 인내할 줄 아는 사람."

나에게는 평생 잊히지 않는 교훈이다.

수십 년을 반복하는 힘

'고도원의 아침편지'가 나를 살렸다는 이야기를 앞에서 했다. 그런데 아침편지를 써서 보내는 일을 매일 반복하려니 보통 문제가 아니었다. '사람 죽이는' 일이었다. 글재주, 글솜씨만으로는 안 된다는 것을 알게 됐다. 체력과 인내심, 샘물처럼 샘솟는 영감이 필요하다는 사실을 깨닫게 됐다. 내 안에 맑은 영혼의 우물이 필요하구나. 그래서 시작한 것이 명상이다. 명상은 '고도원의 아침편지'를 쓰는 데 큰 도움이 됐다. 그렇게 24년 세월을 반복하게 됐다.

얼마 전 어느 지방 도시의 시청 직원들이 깊은산속 옹달샘에 왔다. 민원실에 있는 분들이었다. 대화를 나누다 내가 물었다.

"일하실 때의 가장 큰 어려움이 뭐예요?"

"선생님, 저희는 하루에도 똑같은 질문을 이백 번, 삼백 번 받아요."
"그러면 기분이 어떠세요?"
"머리가 돌아요."

함께 웃었다. 내가 말했다.

"돌죠? 저도 그래요. 저도 24년 동안 '고도원의 아침편지'를 하루도 쉬지 않고 매일 쓰고 있어요. 저도 머리가 돌아요. 그래도 계속 써요."

다시 함께 웃었다. 내가 이어 말했다.

"여러분은 똑같은 질문을 하루에 이삼백 건 받으시지만, 그 질문을 하러 오는 사람에게는 평생에 한 번 아니면 두 번 하는 질문이에요. 그 사람의 인생이 달려 있어요. 그때마다 처음 질문받는 것처럼 하세요."

머리가 돌아버릴 지경으로 지치고 힘들 때, 그럴 때 필요한 힘이 인내다. 그 인내를 키워주는 방법이 명상이다. 반복되는 일상의 일에 에너지가 고갈되고 한계가 느껴질 때 명상을 통해 인내를 키워라. 내 마음을 다스릴 수 있게 되고 힘을 얻는다. 그러면 이미 이삼백 번 비슷한 질문을 받아도 처음 받는 것처럼 웃으며 대할 수 있게 된다. 그런 인내와 명상으로 글쓰기도 매일 계속 해나갈 수 있다.

슬럼프를 넘어서는 비법

글쓰기 과정에서 반드시 건너야 할 강이 있다. '절대고독'의 강이다. 글 쓰는 사람에게 절대고독은 숙명이다. 어느 누구도 대신해 줄 수 없는 힘든 시간이지만 건너야 한다. 그것은 고통의 시간인 동시에 기쁨의 시간도 된다. 글 쓰는 일이 고독한 작업인데 이를 즐길 수 있게 되는 것이다. 그 지독한 고독의 터널을 지나 글이 나온다. 글은 고독의 결과이기도 하고 시작이기도 하다. 고독을 즐기는 통로이기도 하고 재료이기도 하다.

직업적인 작가, 전문적인 글쟁이라고 해서 언제나 글이 쉽게 써지진 않는다. 그렇지 않을 때가 더 많다. 천하의 박경리 선생도 오죽하면 "글이 안 써질 때에는 원고지 한 칸이 운동장만 하다"라고 말했을까. "불도저로 밀어도 안 된다"라고 하셨다지 않는가. 불도저로 밀어도 글이 써지지 않는 바로 그때 필요한 게 무엇일까. 멍 때리기다. 명상이다. 마라톤이다. 걷기다. 여행이다.

파울로 코엘료의 『순례자』는 산티아고 순례길에서 나온 책이다. 나도 산티아고 길을 여러 번 걸었다. 글이 써지지 않을 때는 잠깐 멈춘다. 그리고 멍 때리기에 들어간다. 훌쩍 여행을 떠난다.

명상의 세계는 글을 쓰는 나에게 전혀 다른 지평을 열어주었다. 명상을 하니 열정 대신 고요함이, 불 대신 물이, 비분강개가 미소로, 아픔이 치유로 변했다. 글쓰기는 손재주나 글솜씨나 테크닉이 아님을 새삼 깨달았다. 마음에서 솟구치는 영감을 잡아챈 것이 글임을 알게 됐다. 글은 솟구쳐 올라오는 것이다.

글이 써지지 않거든 떠나라. 산티아고, 바이칼 호수, 몽골 초원, 티베트로……. 이야기가 쏟아져 나올 것이다. 그것도 현실적으로 어렵다면 만사 제쳐놓고 멍 때리기를 하라. 며칠이고 몇 시간이고 그저 조용한 시간, 고독한 시간을 보내라. 그것마저 어려우면 실컷 잠을 자라.

아침편지에 이런 글을 쓴 적이 있다.

> 잠은 오늘을 내일로 이어주는 건널목입니다.
> 오늘 하루를 마무리하고, 내일을 준비하는 시간입니다.
> 아무 생각 없이 그냥 잠자지 말고 잠들기 전에
> 마음에 그리던 것을 잠시 적어놓으십시오.

메모장에 적기가 어려우면 머릿속에 새겨도 좋습니다.
아침에 눈을 뜨면 놀랍게도 응답을 얻는 경험을
하게 될 것입니다.

글이 막힐 때

밤샘을 하며 글을 썼던 예전과 달리 지금은 푹 자고 일어나 글을 쓴다. 맑은 정신이어야 글도 잘 써진다. 글이 막힐 때 (나도 수시로 막힌다) 내가 실제로 하는 명상, 멍 때리기 방법을 소개할까 한다.

수면 명상

말이 수면 명상이지, 이는 사실 글이 막힐 경우 만사 제쳐놓고 침대에 드러눕는 것이다. 잠이 들어도 좋고 아니어도 괜찮다. 뒹굴뒹굴 하다가 잠이 들면 성공이다.

호흡 명상

침대도 좋고 거실 소파도 좋다. 집 밖으로 나와도 괜찮다. 조용한 곳에 앉아 편안한 자세로 앉아 눈을 감는다. 숨을 들이마시고 천천히 내쉰다. 길고, 깊고, 고요하고, 가는 호흡을 반복한다. 몸과 마음을 가라앉히는 효과가 있다.

자연 명상

숲, 천변, 강변, 해변, 공원에서 할 수 있는 명상이다. 나무나 꽃

등 주변의 풍경을 느끼며 새소리, 바람 소리에 집중한다. 자연에 몸을 맡긴다.

3분 멍 때리기

언제든지, 어느 곳에서나 할 수 있다. 하던 일을 멈추고 편히 앉아 멍하니 있는 것이다. 특별히 어딘가에 집중하려 노력하지 않아도 된다. 스치듯 떠오르는 생각들을 자연스럽게 그냥 흘려보낸다. 멍 때리기는 뇌를 휴식 모드로 만들어준다. 과부하가 걸린 생각들을 저절로 정리해 주고, 잠재된 상상력이 자연스럽게 떠오를 수 있도록 도와준다.

이미지 명상

눈을 감고 마음속에서 떠오르는 이미지에 집중하는 명상이다. 아름다운 꽃, 푸른 숲, 맑은 하늘, 따뜻한 햇볕, 잔잔한 바다 등 마음이 편안해지는 이미지를 생각하며 그 공간에 있는 느낌을 즐긴다.

명상은 뇌를 쉬게 해주는 일이다. 명상 시간은 글쓰기를 위한 최고의 휴식이자 재충전의 시간이다.

잘 들어야 잘 쓸 수 있다

　　연세대 신학대학원에서 '목회자의 말과 글'이라는 주제로 강연한 적이 있다. 그곳에 모인 신학생들과 목회자들에게 내가 물었다.
　"『성경』이 하나님의 말씀입니까? 하나님의 글입니까?"
　『성경』은 책이다. 분명 글로 쓰였다. 그러나 그 누구도 '하나님의 글'이라고 말하지 않는다. '하나님의 말씀'이라 말한다. 말씀이 먼저 있었다. 말이 먼저였고 글은 뒤따라왔다. 하나님의 말씀이 사람의 손으로 기록된 것이다. 내가 말했다.
　"『성경』을 글로 읽지 말고 말씀으로 들으십시오. 열 번, 백 번 들으십시오. 그러면 저와 여러분의 입술에서 하나님의 말씀이 저절로 나올 것입니다."

 오스트리아 비엔나의 멜크 수도원에 가면 방문자들을 맨 먼저 맞이하는 방이 있다. '호레(Höre) 방'이다. 이 방에 들어서면 "호레, 호레, 호레" 소리가 조용히 들린다. '호레'는 독일어로 '들어라'라는 뜻이다. 신의 음성을 듣고 또 들으라는 뜻이다.

 신의 음성을 듣기 위해서는 어떻게 해야 할까. 마음이 고요해야 한다. 내 안의 소음이 사라져야 들린다. 반복해서 들어야 소리가 아닌 뜻이 들린다.

 모국어란 무엇인가? 어머니의 입술에서 나온 말을 수없이 반복해서 들었기 때문에 저절로 습득된 언어다. 따로 공부한 게 아니다. 저절로 귀가 트이고 입이 열린 것이다. 그러나 외국어를 입술에 올리려면 공부를 해야 한다. 여기에서 또한 반복해서 듣는 것이 우선이다. 영어가 잘 들리는가? 영어를 반복해서 들었다는 뜻이다. 열심히 공부했다는 뜻이다.

 많이 들으면 들린다. 통달한다. 미국 영화나 드라마를 열 번, 백 번 들으면 저절로 영어에 통달하게 된다. 잘 듣는 것, 반복해서 듣는 것이 공부다. 들리는 것을 글로 옮기는 것은 더 큰 공부다. 글로 옮긴 것을 다시 말로 옮기는 것은 더 더 큰 공부다.

 '하나님의 말씀'을 듣고 또 듣고, 그것을 글로, 다시 말로 옮기는 일이 목회자들의 설교다. 어린 시절 나는 아버지의 설교를 수없이 듣고 자랐다. 아버지는 설교하기 전에 가족들을 모아놓고 먼저 연습했다. 토요일 밤이나 일요일 새벽마다 나는 아버지의 설교를 들었다. 그리고 예배 때 아버지가 강단에서 하는 설교를 또 들었다. 그것은 내 언어의 저장고에 고스란히 저장됐다. 그렇게 저장된 아버지의 설교가 아들의 글로, 말로 다시 태어났다.

아버지는 설교 연습을 할 때마다 식구들의 의견을 물었다. 어머니나 자녀들의 느낌과 의견을 궁금해했다. 어머니는 지적을 잘 했는데, 그것이 때로는 날카로운 가시 같아서 아버지의 심기를 불편하게 했다.

"재미가 없어요."

"은혜가 없어요."

"그 말씀은 어느 집사 들으라고 하는 것 아니에요?"

"그건 어느 장로 이야기 아니에요?"

"그렇게 말하면 교인들이 떨어져 나가요."

어머니의 그런 말을 들을 때마다 아버지는 얼굴색이 변했다. 하지만 나는 어머니와 달랐다. 무조건 좋다고 답했다.

"저는 재미있게 들었어요."

"은혜가 넘쳐요."

그러면 아버지는 매우 좋아했다. 그러고는 "그래, 잘 들렸어?" "어렵지 않았어?" "너도 무슨 말인지 알겠니?" 하며 내게 다시 물었다. 때로는 더 쉬운 말로 설교문을 고쳐 읽어준 적도 많았다. 그럴 때 "귀에 쏙쏙 더 잘 들어와요" 하면 아버지의 얼굴이 다시 환해졌다. 이런 일은 유년 시절부터 청년 시절까지 반복됐다. 나는 아버지의 설교를 통해서 하나님 말씀을 들었다.

지적보다 칭찬이 먼저

남의 이야기를 듣거나, 남이 쓴 글을 읽었을 때 대뜸 지적부터 하는 것은 그다지 좋지 않다. 먼저 칭찬해 주는 게 중요하다. 칭찬해 주는 사람이 있으면 설교를 잘하게 되고, 글도 잘 쓰게 된다.

장경동 목사가 언젠가 했던 말이 생각난다. 설교를 마치고 아내에게 "오늘 설교에선 죽을 쑤었소" 하니 아내는 이렇게 답했다고 한다. "나는 죽 맛이 더 좋아요."

아내의 그 말 한마디가 남편을 유명한 부흥 설교자로 만들었다.

좋은 제자는 스승의 말을 잘 들어주는 사람이다. 공자, 소크라테스, 예수에겐 좋은 제자들이 있었다. 코 밑에서 들어준 사람들이 있었다.

예수가 가장 사랑한 사람 중 하나가 막달라 마리아였다. 언니 마르다는 음식을 만들고 마리아는 예수의 코앞에 앉아서 그분의 말씀을 들었다. 마르다가 이것을 탓하자 예수는 "마리아가 옳은 것을 선택했다"고 답했다. 『성경』에는 이렇게 적혀 있다.

마르다와 마리아
38. 그들이 길 갈 때에 예수께서 한 마을에 들어가시매 마르다라 이름하는 한 여자가 자기 집으로 영접하더라
39. 그에게 마리아라 하는 동생이 있어 주의 발치에 앉아 그의 말씀을 듣더니
40. 마르다는 준비하는 일이 많아 마음이 분주한지라 예수께

나아가 이르되 주여 내 동생이 나 혼자 일하게 두는 것을 생각지 아니하시나이까 그를 명하사 나를 도와주라 하소서
41. 주께서 대답하여 이르시되 마르다야 마르다야 네가 많은 일로 염려하고 근심하나
42. 몇 가지만 하든지 혹 한 가지만이라도 족하니라 마리아는 이 좋은 편을 택하였으니 빼앗기지 아니하리라 하시니라

돌아보건대, 어린 시절 나에게 아버지의 설교는 솔직히 매우 어려웠다. 아버지가 대신하는 '하나님의 말씀'을 잘 알아들을 수가 없었다. 하지만 반복해서 들으니까 조금씩 들리기 시작했다.

어머니의 도움도 컸다. 어머니가 들려주는 『성경』 말씀은 귀에 쏙쏙 들어왔다. 동화처럼 풀어준 어머니의 이야기는 재미도 있고, 나의 뇌리에 깊이 새겨졌다.

『성경』은 사실 이야기책이다. 어린 시절에 어머니로부터 들은 『성경』 이야기는 참으로 많다. 요셉 이야기, 아브라함 이야기, 아담과 하와 이야기, 천지창조 이야기, 선지자 이야기…… . 그 이야기를 아버지 입을 통해서 설교로 듣고, 어머니 입을 통해서 쉽게 풀어낸 이야기로 들었다. 그것들은 내가 나중에 쓰는 글과 말의 풍부한 자양분이 됐다.

자기 삶의 예언자였던 시인, 기형도

　글쟁이는 글쟁이를 만난다. 글을 쓰다 보면 좋은 친구를 만나게 된다. 숱한 만남, 숱한 추억이 뒤따라온다.
　문병호 기자와 더불어 《중앙일보》에서 만난 또 한 사람의 글쓰기 멘토는 오래전 고인이 된 기형도 후배기자였다. 시인 기형도가 어느 날 《중앙일보》에 입사했다. 나와는 같은 대학 출신으로 특별한 인연이 있고, 내가 몹시 아끼는 후배였다.
　그가 문화부에서 방송비평을 담당했던 적이 있었다. 그가 쓰는 방송비평은 기사가 아니라 한 편의 시였다. 불과 석 장짜리 짧은 글인데도 독자들이 열렬히 좋아했다. 같은 신문기자들 사이에도 팬이 많았다. 석 장의 짧은 원고를 쓰기 위해 밤을 꼴딱꼴딱 새우던 기형도의 모습이 지금도 눈에 선하다. 나도 다음 날 기사를 쓰기 위해 편집국에서 밤을 새우는 적이 많은 편이어서 기형도와 더욱 가까워졌다. 저녁식사를 자주 함께 했고 먼발치서 눈인사를 하며 서로 기운을 북돋은 적도 많았다.

두 사람의 체질은 조금 달랐다. 나는 초저녁에 얼른 기사를 써놓고 숙직실에서 한숨 잔 다음 새벽에 일어나 다시 기사를 수정했다. 그런데 기형도는 초저녁에 책상다리를 하고 앉아 있던 모습 그대로 글을 썼다. 초저녁부터 다음 날 새벽까지 같은 자리에서 망부석처럼 똑같은 모습으로 글을 다듬고, 다듬고, 또 다듬었다.

"아니, 안 잤어?"

"네, 잘 안 써져서요."

"빨리 대충 써라, 이 사람아. 나중에 몸 망가진다."

여러 번 충고했지만 소용없었다. 그는 농부가 논에 모를 심듯이 한 자 한 자 꾹꾹 찍어서 글을 썼다. 그리고 수백 장의 파지를 냈다. 그렇게 쓴 글이 활자화되어 지면에 뜨면 방송계는 물론 전 언론사 기자들에게 회자됐다.

기형도가 처음 사회부에 발령받았을 때였다. 당시 사회부장이었던 금창태는 훗날 나에게 "내가 (기형도를) 너무 가혹하게 대했다"라고 말한 적이 있다. 갓 들어온 기형도 기자가 처음에 써 온 글을 보면 기사가 아니라 그야말로 수필식 글이었다. 그러면 금창태는 공개적으로 망신을 주었다. 다른 신문에 난 같은 기사를 백 번 쓰게 했다. 기형도는 그것을 따랐다. 백 번을 써서 들고 금창태 앞에 섰다. 자괴

심과 모멸감에 이글이글 타오르는 기형도의 눈동자가 서글펐다.

그는 나와 함께 잠시 정치부에 있기도 했다. 정치부는 그의 체질에 더더욱 맞지 않았다. 그는 마치 딴 세상에 사는 사람처럼 힘들어했다. 적응을 못했다.

어느 날 나는 그와 함께 밤새 걸은 적이 있다. 지금의 서울 목동 근처 안양천 변에서부터 기형도가 살았던 경기도 광명시 소화동 집까지. 그때는 개발이 안 되어 길이 질퍽질퍽했다. 새벽까지 같이 걸으며 긴 대화를 나누었다. 그의 집, 그의 어머니, 그의 누나, 그의 사랑, 그의 좌절, 소소하고 섬세한 그의 개인적인 일, 취재와 관련된 이야기도 들었다.

그러다가 어느 날 청천벽력 같은 소식을 들었다. 갑자기 그가 절명한 것이다. 극장에서 혼자 영화를 보며 잠들었다가 목이 꺾여 숨졌다고 했다. 번개를 맞은 듯 망연자실했던 기억에 아직도 가슴이 아리다.

기형도는 나를 잘 따랐다. 내가 쓴 글도 좋아했고 취재할 때, 기사를 쓸 때, 내게 많이 물었다. 그때마다 나는 "쉽게 빨리 써라. 너무 고생하지 마라"였는데, 그는 번번이 끙끙 앓으면서도 계속 기사가 아닌 '시'를 썼다.

그의 시는 그의 생전에 주목을 받지 못했다. 기형도가 자신이 쓴 시를 내게 보여준 적이 있었다. 남달랐다. 그가 세상을 하직한 다음 출간된 유고집의 시들을 다시 보고 깜짝 놀랐다. 이런 시였구나. 마치 자기 운명을 예언이나 하는 것처럼, 자신에게 다가올 죽음을 예견한 듯한 시어들이 요소요소에 많았다.

글은 그 사람의 삶이다. 운명이다. 시인이든 가수이든 글 쓰는 사람의 글에 자기 삶을 예언하는 부분들이 더러 있다. 글이 비관적이면 삶도 비관적이고, 글이 낙천적이면 삶도 좀 낙천적이다. 나는 낙천적인 글쓰기를 주창하는 사람이다. 상황은 어렵고 절망적이라 할지라도 그곳에서 희망의 불씨, 낙관적인 요소, 이런 것을 찾아서 쓰려고 애쓰는 사람이다.

기형도는 달랐다. 자신을 절망의 바닥까지 내려가게 해서 글을 썼다. 더없이 깊은 슬픔의 심연 밑바닥까지 내려가서, 그곳에 숨겨 있는 금싸라기 같은 글의 재료를 찾아 글을 쓰는 체질이었다.

말, 글, 삶은 하나다. 시인은 자기 삶의 예언자다. 자기가 쓴 시의 길을 간다. 자기가 부른 노래의 길을 간다. 기형도의 삶이 마감됐을 때에야 나는 그가 썼던 시들을 비로소 더 잘 이해하게 됐다. 그의 시는 다가올 자기 미래의 삶과 종착역을 그대로 드러낸다. 마치 예언이라도 하는 것처럼. 「빈집」도 그 하나다.

> 사랑을 잃고 나는 쓰네
> 잘 있거라, 짧았던 밤들아
> 창 밖을 떠돌던 겨울 안개들아
> 아무것도 모르던 촛불들아, 잘 있거라
> 공포를 기다리던 흰 종이들아

망설임을 대신하던 눈물들아
잘 있거라, 더 이상 내 것이 아닌 열망들아

그가 너무도 일찍 떠나버린 것이 아쉽다. 그가 살아 있다면 지금도 좋은 친구로, 좋은 글쓰기 멘토로 서로에게 영향을 주며 인생을 함께 살아갈 수 있었을 것이다. 나의 글의 세계도 그와 더불어 더욱 깊고 풍부해졌을 것이다. 글 친구 기형도가 없으니 때로 쓸쓸하고 외롭다. 슬프다.

글쓰기 열풍의 장본인, 강원국

『대통령의 글쓰기』로 일약 유명해진 강원국 작가가 한때 우리나라에 글쓰기 열풍을 일으켰다. 그와의 첫 인연은 내가 청와대에서 김대중 대통령 연설비서관으로 있을 때 시작됐다. 한 여성 행정관이 "머리에 쥐가 나요" 하며 도망가다시피 사직서를 냈다. 그 빈자리를 채우기 위해 수소문해서 '막내 행정관'으로 채용한 사람이 오늘의 강원국 작가였다.

대우그룹 김우중 회장의 연설문을 쓰는 사람이라는 소개를 받고 내가 전화를 걸었다. 당시 그는 휴가차 강원도 해변에 있었다고 한다. 내가 전화통화에서 "받아 적을 수 있어요?" 했는데 하필 손에 아무것도 없어서 모래사장에 손가락으로 받아 적었다고 한다.

"받아써봐요. 김대중 대통령의 『옥중서신』과 『다시, 새로운 시작을 위하여』를 읽어보고 연락해 주세요."

강원국은 그때만 해도 이 두 권의 책을 전혀 알지 못했다고 한다. 그런데 그 전화를 받고는 열심히 읽고 주제별, 문장별, 단어별로 분석해 리포트를 만들다시피 해서 내게 보냈다. 그걸 보고 깜짝 놀랐다. 그 리포트를 한동안 참고자료로 썼을 정도였다.

대통령 연설문을 쓴다는 것은 실제로 머리에 쥐가 나는 일이다. 연설비서관실 행정관들은 정치, 경제, 사회, 외교, 국방 등 분야별로 나누어 일을 한다. 어떤 행정관은 초기 단계부터 힘들어하는 게 보인다. 안절부절못하는 마음이 표정에 드러난다. 그런데 강원국은 힘들어하면서도 어떻게든 연설문을 빠른 속도로 써냈다. 그런 면모 덕분에 그는 훗날 노무현 대통령의 연설담당 비서관이 될 수 있었다.

연설문 글쓰기는 뚝심이 필요하다. 써야 할 연설문이 파도처럼 밀려올 때 그것을 두려워하지 않고 감당할 수 있어야 한다. 한 개를 완성했다고 해서 그것으로 끝난 게 아니다. 일주일에 세 건, 열 건을 써야 한다. 심혈을 기울여 썼는데 그만큼의 열정을 쏟아서 또다른 글을 써야 한다. 또 밀려오고 또 밀려온다.

글쟁이는 동시에 여러 글을 쓴다. 밀려오는 것을 '이것부터 쓴 다음에……' 하며 밀쳐둘 수 없다. 파도쳐 오는 그대로 이중 삼중으로 겹쳐 써야 한다.

강원국의 저서 『대통령의 글쓰기』와 관련한 일화도 있다. 어느덧 10여 년이 지난 일이다. 내가 '몽골에서 말 타기'라는 여행 프로그램을

진행하기 위해 몽골에 가 있던 시기, 충주의 깊은산속 옹달샘을 찾아와 그때 막 출간된 『대통령의 글쓰기』를 놓고 갔다. 한국에 돌아와 그 책을 읽고 나는 큰 고민에 빠졌다. 그즈음에 『누구든 글쓰기』를 열심히 집필 중이었기 때문이다. 몇 차례 수정을 거쳐 곧 출간할 예정이었는데, 아끼는 후배가 글쓰기 책을 먼저 낸 것이었다.

나는 어렵사리 결심했다. '그래, 내 책의 출간을 뒤로 미루자.' 『누구든 글쓰기』는 그래서 이제야 나오게 됐다.

부록

리더와 고스트라이터의 글쓰기

리더의 글은 어떠해야 하는가

리더의 말과 글은 그 사람의 삶이다. 영혼이다. 전적으로 그 사람의 몫이다. 남으로부터 돈 주고 사는 게 아니다. 누군가 대신 써줄 수는 있다. 그렇더라도 자신의 삶, 생각, 표현 방식들이 자신의 언어로 녹아 있어야 한다. 그러기 위해서는 자신의 언어를 갈고 닦는 준비의 시간이 절대적으로 필요하다.

미국 9·11 테러가 우리 시간으로 밤 11시 45분에 일어났다. 다음 날 아침 7시에 김대중 대통령의 특별 담화문이 발표됐다. 짧은 그 몇 시간 안에 전대미문의 사태에 대한 대통령 담화문을 작성하기란 쉬운 일이 아니었다. 그럼에도 가능할 수 있었던 이유는, 전혀 예기치 못했던 상황에서도 대통령의 생각을 명확히 유추할 수 있는 준비 과정이 연설비서관인 내게 있었기 때문이다.

링컨이 중요한 말을 했다.

"나에게 나무를 벨 여덟 시간이 주어진다면 그중 여섯 시간은 도끼를 가는 데 쓰겠다."

평소 도끼를 가는 일이 바로 준비다. 그 준비가 리더들의 기본이다. 무딘 도끼로 나무를 베려고 들면 힘만 들 뿐이다. 도끼의 날이 잘 서 있어야 짧은 시간에 많은 나무를 벨 수 있다. 평소 얼마나 도끼를 잘 갈았는가, 도끼날이 얼마나 예리한가. 모든 리더들은 이 점을 늘 유념해야 한다.

리더들이 준비 과정을 거치면서 흔히 범하기 쉬운 실수가 있다. 자기 자랑, 지식 자랑이다. 자신을 자랑하는 유혹에서 벗어나야 한다. 이런 유혹을 떨쳐내지 못하면 인용이 많아지고, 자기의 스펙을 여과 없이 드러낸다.

과거 경력이나 학위, 스펙을 드러내는 게 아니라 자신의 뜻과 생각을 그 시대에 맞게 자기 언어로 표현해야 한다. 그러면서도 설화나 필화(筆禍)가 없어야 한다. 그러려면 철저히 갈고닦은 '준비된 언어'여야 한다. 그 언어를 통해 대중이 그 리더를 신뢰하고, 믿고 따를 수 있어야 한다.

좋은 리더에게는 자기만의 정리된 생각, 자기만의 언어가 있다. 오바마에게는 오바마의 언어가 있었다. 김대중 대통령에게는 김대중 대통령의 언어가 있었다. 인용한 남의 말이 아니라 자신의 생각이었다. 그 속에 자신의 신념과 철학, 고매함과 엄정함, 시대적·사회적 비전이 들어 있었다.

리더의 말과 글은 대중을 설득해야 하는 당위가 있다. 설득에는 양면이 있다. 잘 사용하면 사람들에게 긍정적 영향을 미쳐 더 나은 방향으로 이끌 수 있지만, 반대로 거짓 정보를 전달하거나 사실을 왜곡할 경우 사람들을 잘못된 길로 오도할 위험이 크다. 리더로서 열심히 대중을 설득한다고 했는데 그 결과가 흥하는 쪽이 아닌 망하는 쪽, 천국이 아닌 지옥으로 이끄는 것이라면 그 설득은 잘못됐다.

따라서 리더의 설득에는 '특별함'이 요구된다. 일방적으로 설득하는 게 아니라, 사람들이 스스로 생각하고 판단할 수 있도록 도와야 한다. 혀끝의 설득이 아니라 심장의 설득이어야 한다. 진심과 진정성이 담겨 있어야 한다.

"사탄의 말발이 제일 세다"라는 말이 있다. 아담과 이브를 혼미케 한 최초의 설득은 뱀이 맡았다. 하나님이 먹지 말라 명령한 선악과를 날름거리는 뱀의 혀로 감미롭게 유혹한 것이 사탄의 언어다. 사람을 넘어뜨리는 가장 강력한 말이다.

"사탄의 언어를 사용하라"라는 역설도 있다. 사람 심리의 가장 연약한 곳, 가장 작은 틈새 구멍을 파고들라는 의미이다.

리더의 말에서는 침묵도 중요하다. 때로는 그 침묵이 '불멸의 언어'가 된다. 오바마 전 미국 대통령의 '51초 침묵'이 대표적인 예다. 2016년 미국 애리조나 총기난사 사건의 희생자 추모식 연설에서 오바마는 말을 잇지 못했다. 목울대를 타고 오르는 슬픔을 삼키며 잠시 침묵했다. 그 침묵이 백 마디 말보다 더 강력한 힘을 보여줬다. 미국인을 감동시켰고 하나로 묶어냈다. 말이 필요 없었다.

김대중 대통령의 '9초 침묵'도 있다. 김 대통령은 1998년 취임 연설에서 9초간 침묵했다. IMF 상황에서 앞으로 닥칠 고통을 언급하다가 말을 잇지 못하고 멈췄다. 그때 많은 국민들이 마음을 함께하며 위기 극복의 의지를 다졌다. 침묵은 단순히 말을 멈춘 것 이상의 의미를 갖는다. 김대중 대통령의 침묵은 국민들에게 깊은 울림을 안겨주었다. 침묵이 단순한 시간적 멈춤이 아니라 청중의 가슴을 파고드는 강력한 수사적 도구가 될 수 있음을 보여준 사례라 할 수 있다.

나는 김수환 추기경의 '침묵'도 기억한다. 1983년, 알래스카에서 대한항공 여객기가 소련에 의해 폭파됐을 때의 일이다. 온 국민이 엄청난 분노와 충격에 빠진 가운데 동대문운동장에서 시민궐기대회가 열렸다. 운동장을 가득 메운 사람들의 웅성거림으로 몹시 소란스러울 때 김수환 추기경이 연단에 올랐다. 추모 기도를 하기 위해서였다. 운동장 안은 여전히 소란했다.

연단에 오른 김 추기경은 곧바로 기도를 시작하지 않았다. 침묵했다. 몇 초간의 정적이 흘렀다. 갑자기 운동장이 고요해졌다. 바늘 소리조차 나지 않았다. 나는 그때 귓가를 스쳐 지나가는 바람 소리를 들었다. 깊은 고요가 운동장에 가득했다. 김 추기경이 비로소 기도를 시작했다.

"하느님 아버지, 우리를 불쌍히 여기어 주시옵소서."

나는 전율했다. 온몸에 소름이 돋았다. 그전까지 경험했던 기도 중에 가장 강력한 울림을 주었다. 그 짧은 침묵의 시간은 국가 전체, 국민 전체를 하나로 묶는 순간이 되었다. 불멸의 기도였다.

글을 쓸 때에도 마찬가지다. 단지 줄이거나 빼는 게 아니라 너무 많은 말을 하지 않는 것, 곧 침묵하는 것이 더 큰 의미를 전달하는 경우가 많다.

다시 요약해 보자. 마음을 움직이는 글, 설득하는 글로서 성공하려면 어떤 요소를 갖춰야 할까?

가장 중요한 요소는 진정성이다. 진실함과 진정성이 생명이다. 리더의 말과 글에서 진심을 느낄 때 대중은 비로소 마음을 열고 움직인다. 현란한 언어 구사로 억지 감동을 유도하기보다 솔직하고(거짓말은 절대 금물이다!) 사실에 기반한 내용을 전달함으로써 말하는 이의 진심이 드러나게 해야 한다.

명확한 메시지도 중요한 요소다. 설득하고자 하는 주제나 메시지가 선명하고 간결하게 전달되어야 한다. 말과 글의 구조 또한 논리적이어야 대중이 쉽게 따라온다. 주장하고자 하는 핵심 내용을 어디에 배치하느냐도 관건이다.

말과 글이 산만하거나 불필요한 정보가 많으면 대중들이 혼란을 일으켜 핵심 내용의 전달이 어려워진다.

논리적 근거와 감정적 호소를 적절히 결합하는 기술도 필요하다. 단순히 이성적 논리만으로 설득을 시도하면 딱딱하고 지루해서 오히려 역효과를 내기 쉽다. 너무 감정에만 호소해도 거부감을 줄 수 있다. 논리적 근거와 감정적 호소가 조화롭게 배치되어야 사람들이 자연스럽게 따라오며 설득된다.

더 중요한 것은 사람의 마음, 곧 민심(民心)을 읽어내는 능력이다. 대중, 국민들이 무엇에 목말라하고, 무엇 때문에 아파하고, 어떤 것에 관심을 갖고 있는지를 잘 파악해야 한다. 그에 대한 답을 끊임없이 생각하고 그 해결 방법을 제시할 때 비로소 리더의 자리를 온전히 지킬 수 있게 된다.

말문을 열었을 때의 '강력한 도입'과 말을 마칠 때의 '여운을 남기는 결론'도 중요하다. 글의 첫 줄, 첫 문장에 대한 설명은 앞에서도 설명했지만, 강력한 도입은 아무리 강조해도 지나침이 없다. 더 듣고, 더 읽고 싶은 마음이 들도록 인상적인 이야기나 질문으로 시작하는 것도 좋다.

결론 부분은 더 중요하다. 어쩌면 설득의 성패는 이 결론 부분에 달려 있는지도 모른다. 그만큼 마무리가 중요하다. 이 또한 많은 노력과 기술이 필요하다.

그 기술의 하나가 요약이다. 이야기를 끌어가면서 처음에 전달하려던 핵심 메시지나 주제를 다시 한번 간결하게 요약해 주는 것이다. 듣는 사람들에게 생각할 거리를 주기 위해 질문을 던지는 방법도 좋다. 결심과 다짐을 묻는 질문을 중간중간 던지는 것이다. "제 말씀에 동의하시겠습니까?" "함께 해주시겠습니까?" "도와주시겠습니까?" "이제 여러분은 어떤 선택을 하시겠습니까?"

감정적 마무리도 좋은 여운을 남길 수 있다. "당신을 믿습니다." "당신을 응원합니다." 짧은 명언이나 인용구를 활용하는 것도 좋다. "어머니가 기도하는 아들은 망하지 않습니다."

　마지막 맺음말을 할 때는 멋진 시적(詩的) 레토릭을 구사하는 것도 좋다. 미래에 대한 희망의 메시지를 시적 언어로 표현하는 방법도 매우 중요하다. "자유가 들꽃처럼 만발하고, 정의가 강물처럼 흐르며, 통일에의 희망이 무지개처럼 피어나는 나라를 만들고 싶습니다." 김대중 대통령이 즐겨 사용하던 마무리 문구다.

　김민석 국무총리가 청문회 과정에서 어려움을 겪을 때 내가 모처럼 그를 응원하는 글을 썼다. 마지막 문장은 이러했다. "잘 구워진 도자기를 거친 돌팔매질로 깨뜨리지 말라."

좋은 고스트라이터가 되려면

김대중 대통령 연설문을 썼던 5년은 내 글쓰기 인생의 하이라이트이자 가장 명예로운 시기였다. 여한 없이 일했다. 여한 없이 글을 썼다. 참으로 영예로운 시간이었지만 극한의 무거움과 고통을 감내해야 하는 시간이기도 했다.

대통령의 연설문을 쓴다는 것은 그분의 뱃속으로 들어가는 일이다. 그분의 마음으로, 그분의 상처로, 그분의 영혼으로 들어가, 나의 생각과 철학과 표현 방식을 100퍼센트 내려놓아야 한다. 오로지 그분의 생각과 철학과 표현 방식으로 토해내야 한다. 내가 썼지만 그것은 고도원의 말이 아닌 대통령의 말이어야 한다. 고도의 내밀한 작업이다.

'대통령 연설비서관'을 영어로 'speechwriter to the president'라고 부른다. '유령작가'라는 뜻의 '고스트라이터(ghost writer)'라고도 한다. 고도의 내밀한 작업은 '고스트라이터'가 될 때 가능하다. 좋은 고스트라이터가 되려면 딱 한 사람, 그 사람의 뱃속으로 들어가야 한다.

김대중 대통령은 재임 시절에 한 번도 필화를 겪지 않았다. 그분의 혀끝이나 언사 때문에 곤혹을 치르지 않았다는 뜻이다. 나는 지금도 이것을 마음속에 자랑으로 간직하고 있다. 그 비결은 간단하다. 그분은 늘 준비된 언어만 사용했기 때문이다. 그럴 수 있도록 나도 혼신을 다해 잘 준비해 드렸다.

반면에 노무현 대통령은 설화를 많이 입었다. 왜일까? 그분은 준비된 언어보다 즉흥연설을 많이 했다. 애드리브를 많이 사용한 것이다. 한 나라의 최고 통치자인 대통령이 즉흥연설이나 애드리브를 즐겨 하다 보면 반드시 흠이 잡히기 쉽다. 그러므로 어느 지위에 오른 사람, 특히 국가 지도자의 반열에 오른 사람은 철저히 준비된 언어를 사용해야 한다.

그처럼 '준비된 언어'를 대통령에게 '준비해드리는' 고스트라이터 역할을 하면서 내가 깨닫고 터득한 것이 참으로 많다. 무엇보다 글의 힘의 엄중함과 책임감이다. 전체 내용은 물론 토씨 하나에도 세심한 선택이 요청되고, 인용하는 자료나 통계와 사례도 신뢰받을 수 있어야 한다. 이것은 비단 대통령의 연설문에 국한된 이야기가 아니다.

누군가의 고스트라이터가 될 때, 특히 주의하거나 유념해야 할 점을 몇 가지 말해 볼까 한다('대통령'은 너무 거리감이 있을 수 있으니 '의뢰인'이라는 표현으로 대신하겠다).

첫째, 고스트라이터는 자기 목소리가 아닌 의뢰인의 목소리로 글을 써야 한다. 그러려면 그의 생각, 철학, 표현 방식은 물론 그의 말투, 어휘, 습관, 가치관 등을 세심하게 파악해야 한다. 고위 의뢰인일수록 단어 하나하나가 메시지이고 상징성을 띠기 때문에 더욱 신중하게 선택해야 한다.

둘째, 메시지가 명확하고 일관되게 전달되어야 한다. 고스트라이터는 의뢰인의 입장에서 다양한 주제에 대한 깊이 있는 공부와 자료 준비가 필요하다. 그것들이 혼란스럽거나 일관성을 잃지 않도록 주의해야 한다.

셋째, 공감을 얻는 글이어야 한다. 대중의 공감을 얻기 위해서는 그 시대의 사회적·정치적·경제적·문화적 이슈에 민감해야 한다. 민감해야 한다는 것은 그 이슈에 대한 생각의 방향에 부정적 요소보다 희망, 배려, 격려, 애도 등과 같은 긍정적 시선이 적절한 문장으로 잘 표현되어야 한다는 뜻이다.

넷째, 극단을 배제하고 중립적이고 포용적이어야 한다. 대통령을 비롯한 리더들의 연설은 다양한 배경과 생각을 가진 사람에게 전달된다. 특정 집단의 생각에 치우치거나 진영 논리에서 벗어나지 못하면 다수의 공감을 얻기가 어렵다. 대다수 사람들이 쉽게 이해하고 공감할 수 있는, 포용적 언어로 표현해야 한다.

다섯째, 비움과 겸손, 균형 잡힌 윤리의식이 필요하다. 이 점은 어쩌면 고스트라이터의 가장 중요한 자질일지도 모른다. 고스트라이터는 글을 쓰는 자신의 공로를 드러내는 존재가 아니다. 철저히 자신을 비우는 노력은 물론 그 이상의 겸허한 자세가 절대적으로 필요하다. 그리고 글을 쓰는 과정에서 알게 되는 의뢰인의 내밀한 비밀을 목숨 걸고 지키는 윤리의식이 필요하다. 고스트라이터와 의뢰인 사이의 신뢰는 비밀 유지에서 나온다. 그러려면 의뢰인과 함께 놀고, 충분히 대화하고 교감해야 한다. 그 사람의 삶을 이해하고 내 것처럼 삭여야 한다.

언젠가 S그룹의 최고경영자를 모시고 있다는 분이 나를 찾아왔다. TV로 방영되는 중요한 행사가 있으니 연설문을 써달라는 요청을 하기 위해서였다. '이탈리아의 메디치 가문과 같은 역할을 우리 사회에서 펼치고 싶다'는, 연설의 주제와 초점이 마음에 들었다. 그런 취지라면 기꺼이 도와주겠노라며 이렇게 말했다.

"우리나라에도 메디치가 필요합니다. 진정한 노블리스 오블리주를 실현하는 재력가가 나와야 합니다. 그런 꿈을 가진 사람이 드디어 나타났다는 게 정말 반갑습니다."

한동안 나를 찾아와 연설문을 써달라는 이들이 많았지만 그때마다 고사했다. 대통령 연설문을 쓴 사람으로서 단지 돈을 받고 연설문을 써주는 일이 적절치 않다고 생각했기 때문이다.

그런데 이 경우는 조금 달랐다. 나는 돈을 받지 않아도 좋으니 대신 조건이 하나 있다고 말했다. 연설자가 메디치 가문의 역할을 하겠다고 결심한 취지와 배경을 내가 직접 충분히 듣는 자리가 필요하다는 조건이었다. 그가 평소 어떤 생각을 하고 어떤 언어를 쓰는지, 그가 말할 때의 자세, 표정, 시선, 목소리가 어떠한지를 알아야 한다고 말했다. 그래야 그에 맞추어 실크든 무명실이든 뽑아낼 수 있을 거라고.

나를 찾아왔던 실무자들은 이 이야기에 무척 밝은 표정으로 돌아갔다. 그러나 한동안 감감무소식이다가 뒤늦게 '어렵겠다'는 연락이 왔다. 실무진들이 간곡히 건의했음에도 당사자가 거부했기 때문이었다. 내가 제시한 조건을 듣고는 그냥 직원들더러 써오라 했다고 했다. 연설문을 자신의 삶과 비전과 혼이 담긴 글이 아니라 하나의 작문이나 기능적인 글로 받아들인 셈이다.

얼마 후 그분의 연설을 TV에서 보게 됐는데 아니나 다를까, 자신의 이야기처럼 들리지 않았다. 남의 옷을 빌려 입고 말하는 사람처럼 보였다. 영혼 없는 스피치가 된 것이다.

사람의 마음을 움직이는 스피치에는 영혼이 담겨야 한다. 아무리 미사여구를 동원해도, 아무리 논리구조가 그럴싸해도 영혼 없는 스피치는 사람의 마음을 움직이지 못한다. 글 쓰는 이의 뛰는 가슴이 읽는 이의 뛰는 가슴과 맞부딪쳐야 한다. 읽는 이의 입에서 "햐!" 하는 경탄과 함께 영혼의 빗장이 열려야 한다. 그렇지 않으면 글이 생명력을 잃는다. 스스로 그런 글을 쓰는 여력이 없다면 자기 영혼을 가감 없이 드러내는 또다른 고스트라이터를 만나야 한다. 이 둘이 잘 결합됐을 때야 비로소 세상을 움직이는 위대한 스피치가 나온다.

김대중 대통령의 '고스트라이터', 연설비서관

꽤 오래된 이야기다. 어느 날 《오마이뉴스》를 보다가 내 이름 석 자가 거론된 기사를 발견하고 깜짝 놀랐다. 살펴보니 타 언론사의 송국건이란 후배 기자가 8년 동안 청와대 출입 기자를 거치면서 『도대체 청와대에선 무슨 일이?』라는 책을 냈는데 그 책에서 내 이름을 거론한 것이었다. '대한민국의 최고 필력가로 꼽히는 고도원'이라고 썼다.

과분했지만 한편으로는 후배 기자로부터 이런 평가를 받는 게 고맙고, 솔직히 기뻤다. 어떻게 해서 이런 과분한 평가를 얻게 됐을까. 그 평가의 한가운데엔 바로 김대중 대통령이 있다.

김대중 대통령과의 첫 만남은 극적이었다. 월간《뿌리깊은나무》가 전두환 정부에 의해 강제로 폐간된 뒤 나는《중앙일보》기자로 스카우트되는 행운을 얻었다. 사회부 경찰기자를 거쳐 정치부로 옮겨 평민당을 맡게 됐다. 당시 평민당 총재가 김대중이었다. 그분이 사시던 동교동 집 출입 첫날, 정치부 데스크로부터 첫 지시를 받았다. 김대중 총재와의 인터뷰를 성사시키라는 것이었다. 당시 《중앙일보》는 김대중 총재와의 관계가 그리 좋지 못했다.

내가 인터뷰를 요청했을 때 그분의 첫마디는 "《중앙일보》에서 나를 볼일이 있어요?"였다. 나는 당돌하게 답했다. "《중앙일보》는 총재님을 볼 일이 없을지 몰라도 저 고도원 기자는 총재님을 뵐 일이 있습니다."

어렵사리 인터뷰가 성사됐다. 나는 바로 인터뷰를 시작하지 않고 내가 김대중 총재를 처음 만난 이야기부터 풀어냈다.

중학교 2학년 때였다. 당시 전주 공설운동장에서 정치 집회가 열렸다. 내가 다니던 전주북중학교와 공설운동장은 길 하나를 사이에 두고 가까이 붙어 있었다. 그곳에서 큰 집회가 열릴 때마다 으레 그랬듯 그날도 많은 학생들이 학교가 끝나자마자 우르르 몰려갔다. 나도 친구들과 함께 갔다. 정치가 무언지, 세상이 어떻게 돌아가는지 아무것도 모를 때였다.

집회가 끝나고 한 아이가 정치인들로부터 사인을 받기 시작했다. 너도나도 줄을 섰다. 다른 정치인들은 귀찮아하면서 한두 명 해주다가 자리를 떠버렸는데, 오직 한 사람만이 검정색 구두 끝이 반짝거리는 오른쪽 한 발을 돌 위에 올려놓고 한 사람 한 사람 정성스럽게 사인을 해주었다.

긴 줄이 끝도 보이지 않았다. 뉘엿뉘엿 해가 져서 어둠이 깔리기 시작했다. 그래도 그는 사인을 계속해 주었다. 나도 그 긴 줄의 끄트머리쯤에서 기다렸다가 사인을 받았다. 받아 보니 한자 정자로 '金大中'이라 쓰여 있었다.

"지금도 그 모습이 눈에 선합니다. 안타깝게도 그때 받았던 사인은 잃어버렸지만 그때 그 긴 줄 마지막에 서 있다가 사인을 받았던 꼬맹이 중학생이 자라서 기자가 되어 오늘 드디어 총재님을 만나게 됐습니다. 그런 감격이 지금 저에게 있습니다." 그러고는 대학 1학년 때인 1971년 장충동 유세장에서 들었던 40대 '김대중 대통령 후보'의 포효에 감동받았던 이야기를 더했다.

나를 보는 김 총재의 눈빛이 달라졌다. 긴 인터뷰가 시작됐다. 나는 인터뷰 기사의 첫 줄을 이렇게 썼다.

김대중 총재는 약속된 동교동 자택에 기자보다 한 걸음 늦게 귀가했다. 그는 현관에 들어서기 전 자신의 오래된 버릇대로 전정가위로 꽃가지를 몇 개 툭툭 잘랐다. 그것으로 마음을 다스리고 삭이려는 것 같았다. 그가 행동하기 전에 생각을 정리하고, 때로 사람을 불러 설득하기도 하는 지하서재에서 2시간에 가까운 회견이 이뤄졌다. 그는 시종 거의 몸이 흔들리지 않는 꼿꼿한 자세로 문답을 이어갔다.

그 때부터 동교동의 지하서재는 나와 김대중 총재의 대화 장소가 됐다. 두 사람의 대화는 무궁무진했다. 김 총재는 《중앙일보》 고도원 기자'를 '고도원 동지'라 불렀다. 나를 믿고 아껴주었다.

어느 날 김대중 총재는 내게 '인생의 책이 있느냐'고 물었다. 나의 인생 역정에 가장 영향을 준 책이 있느냐는 질문이었다. 그리고 당신의 '인생의 책'에 대해 이야기했다. 영국의 역사학자 아놀드 토인비가 쓴 『역사의 연구』였다. '도전'과 '응전'이라는 두 주제로 고대 문명과 종교, 역사, 고대 위인들의 인생을 풀어놓은 책이었다.

그런데 공교롭게도 『역사의 연구』는 내가 열다섯 번 이상 읽은 책이었다.

내가 중학교 2학년 때 아버지의 회초리를 맞으면서 밑줄 긋고 독서 카드 쓰는 법을 배운 책이었다. 그때는 무슨 말인지도 모르고 엉터리로 밑줄 긋고 독서 카드를 썼지만, 《연세춘추》 편집국장, 《뿌리깊은나무》 기자, 《중앙일보》 기자를 거치면서 여러 번 반복해서 읽었다.

그 책이 내가 글을 쓰는 데 많은 영감을 주었다. 쫄깃쫄깃 이어지는 『역사의 연구』 이야기에 김대중 총재는 눈을 동그랗게 뜨고 놀라워했다. 두 사람의 대화는 동교동 지하서재에서, 국회 총재실에서, 때때로 그가 휴식하는 호텔방에서도 이어졌다.

김 총재와 나눈 그의 말 한 마디, 표정, 일거수일투족은 그날의 기삿거리였고, 신문사에 보내는 정보보고 사항이기도 했다. 돌이켜보면 그때 나누었던 의미 있는 대화가 훗날 대통령 연설문을 쓰는데 좋은 밑거름이 되어주었다.

대통령 연설비서관은 자신의 생각을 100퍼센트 완전히 내려놓은 빈자리에 대통령의 생각과 철학을 잡아채 다시 그분의 것으로 토해내야 하는 자리다. 너무나 무겁고 엄청난 스트레스다. 그야말로 '사람 죽이는' 일이다.

한번 상상해 보라. 한 노교수가 있다고 치자. 철두철미하고, 꼼꼼하고, 박학다식하고, 빈틈이 없고, 바늘 끝이 안 들어가는 교수님이시다. 그 밑에 일하는 조교라면 어떻겠는가. 그런 철두철미한 분의 뱃속에 들어가 그분의 철학, 생각을 잡아채서 그분의 글로 토해내는 일이 쉽겠는가.

그러나 나는 그 시간이 행복했다. 몸은 지치고 물리적으로 힘들었지만 내 마음은 늘 편했다. 나의 생각과 철학이 내가 모시는 분의 그것과 틈이 컸으면 마음고생이 훨씬 심했을 것이다. 다행히 그 틈이 적었다.

그 틈을 좁히는 데 도움을 준 책이 또 한 권 있다. 김대중 대통령이 쓴 『옥중서신』이다. 나는 이 책을 여러 번 읽고 거의 달달 외우다시피 했다. 감히 말하자면 그분의 생각과 철학은 내가 지향하는 바와 비슷했다. '거인(巨人) 같은 이분의 생각이 내 생각과 같구나' '내가 생각하는 것이 이분의 생각일 수 있구나'라는 확신이 들었다. 글쓰기가 한결 쉬워졌다.

대통령 연설비서관이라는 고스트라이터는 대통령의 질문에 언제든 대비하고 있어야 한다. 대통령의 최근 관심사가 무엇이고 무슨 질문을 할 것인지 미리 예상해 그 답을 미리 준비해 두어야 한다. 대통령이 늘 어려운 질문만을 하는 것은 아니다. 연설하는 날의 날씨, 어떤 사람들이 모이는지, 청중의 숫자와 남녀 비율 같은 평범하지만 놓치기 쉬운 질문들을 갑자기 던질 수 있다. 같은 자리에서 작년에는 뭐라고 이야기했는지도 물을 수 있다. 때문에 언제든 그에 맞는 답을 가지고 있어야 한다. 나는 5년 동안 대통령의 질문에 단 한 번도 빗나간 대답을 한 적이 없었다. 그러려면 내가 대통령의 뱃속에 들어가서 끊임없이 질문하고 답을 준비해야 했다.

반대로 이따금 내가 질문할 때도 있었다. 놀랍게도 그때마다 김대중 대통령이 거의 100퍼센트 명쾌한 답을 가지고 계셨다. 그 답 속에 대통령의 연설문이 고스란히 담겨 있었다. 김대중 대통령은 한자리에서 말을 시작하면 30분, 1시간, 2시간, 3시간 동안 자기의 생각을 충분히 풀어내는 분이었다. 그런 자리에 여러 번 있었던 사람들은 이따금 불만을 토로하기도 했다. "아직도 '요한복음' 하시고 계시다"라는 말은 아직 멀었다는 뜻이었다.

그러나 사실은 그렇지 않았다. 수없이 반복하는 듯한 이야기 속에도 늘 새로운 생각이 녹아 있었다. 나는 그것을 놓치지 않고 열심히 메모를 했다. 똑같은 이야기인데 할 때마다 달랐다. 토씨 하나가 달라지거나 단어가 하나 바뀌거나 했다. 그렇게 바뀌는 요소 하나하나에서 대통령의 '바뀐' 생각을 읽어내고 연설문에 반영하려 노력했다.

그 모든 과정이 더없이 행복했지만 나는 지금도 이따금 짓눌리는 꿈에 시달린다. 꿈결에 일어나 '어? 대통령 연설문을 이제는 안 써도 되는구나' 하고 깨닫는 순간 행복감을 느끼기도 한다.

일하면서 가장 어려웠던 시간은 초반 1년이었다. 그 1년 동안 대통령은 내가 쓴 연설문 초안에 대해 한 번도 질책이나 칭찬을 하지 않았다. 글을 쓰는 사람에게는 그때그때 평가를 받는 것이 필요하다. 잘못됐으면 잘못됐다 지적해줘야 그다음 글을 더 편히 쓸 수 있다. 그런데 그런 지적이 없으니 정말이지 숨 막히는 일이었다.

그러다가 1년쯤이 지난 어느 날, 연설을 마친 대통령이 뒤따라가던 나를 돌아보면서 불렀다.

"고도원 동지."

"네."

"오늘 연설문이 좋아요."

그 순간 나는 몸이 하늘로 붕 떠오르는 기분이었다. 내가 앉아 있는지 서 있는지 느낌이 없었다. 대통령의 신임, 믿음을 확인하는 순간이었다. 레이건 대통령의 연설문을 썼던 페기 누넌(Peggy Noonan)은 연설문 초안을 레이건에게 제출했다가 처음으로 '아주 좋음, 훌륭함'이라는 문구가 적혀 돌아왔을 때 그 문구 부분을 오려내 블라우스에 붙였다고 한다. 마치 선생님한테서 별점 다섯 개를 받은 초등학생처럼 말이다. 나도 그런 느낌이었다.

"오늘 연설문이 좋다"라는 대통령의 말은 내게 많은 변화를 선사했다. 대통령의 평가가 있었던 그날 이후로 나는 한결 편해지기 시작했다. 연설문의 문구, 방향을 놓고 왈가왈부하던 '실세'들의 입김도 사라졌다. 나는 더 깊숙이 대통령의 뱃속으로 들어갈 수 있었다. 더욱 자신감을 갖고 나의 소신대로 연설문을 쓸 수 있게 됐다.

김대중 대통령과 나는 '글'로써 한몸이었다. 이 생각은 지금도 변함이 없다. 그분의 좌절이 나의 좌절이었고, 그분의 성공이 나의 성공이었고, 그분의 명예가 나의 명예였다.

1987년 겨울, 그는 대통령 선거에서 또 떨어졌다. 그분의 정치 일생에 있었던 또 한 번의 좌절이었다. 거의 최후에 가까운 종말 같았다. 그는 정계은퇴를 선언하고 영국으로 떠났다. 나는 가슴이 아파 잠을 이룰 수 없었다. 한없이 우울했다. 그러다가 이듬해 4월, 긴 글 한 편을 《월간중앙》에 실었다. 아놀드 토인비의 『역사의 연구』에서 영감을 얻어 쓴 '김대중의 퇴수(退修)와 복귀(復歸)'라는 제목의 글이었다.

아놀드 토인비는 '도전'과 '응전'이라는 개념 말고도 '퇴수(withdrawal)'와 '복귀(return)'라는 또다른 개념으로 역사적 인물들을 풀어냈다. 나는 그 두 가지 개념에서 영감을 얻어, 은퇴하고 쫓겨 가듯 영국으로 떠난 정치인 김대중의 퇴수와 복귀를 생각하며 글을 썼다. 그의 현재와 미래를 다시 설계하고 복귀를 예측하는 장문의 글이었다.

퇴수란 무엇인가. 토인비에 따르면 '뒤로 밀려나 고난을 겪는 시간'이다. 세상을 움직이는 역사적 위인들에게는 반드시 고난의 시간, 밀리는 시간이 있다는 의미이다. 고통과 좌절과 절망의 시간이다. 말하자면 광야의 시간이다. 그 대표적인 사례로 토인비는 모세의 40년 광야 생활을 들었다.

고대 이집트에서 노예 생활을 하던 이스라엘 히브리족으로 태어난 모세가 어느 날 히브리 사람이 이집트인에 죽임당하는 것을 보고 그 이집트인을 때려 죽였다. 열혈청년 모세는 졸지에 살인자가 되어 도망치듯 나와 미디안 광야에서 40년 동안 광야 생활을 했다. 그 광야 생활이 모세에게는 퇴수의 시간이었다.

복귀란 무엇인가. 모세가 '40년 광야 생활'이라는 퇴수를 거쳐, 200만 히브리 민족을 이집트에서 이끌고 나오는 이른바 '출애굽의 지도자'로 복귀해 돌아온 것을 말한다. 한 무명의 도망자나 양치기로 끝난 게 아니라 '야훼와의 만남'이라는 극적 전환점을 통해 출애굽의 민족 지도자로 리턴, 되돌아온 것이 바로 토인비가 말하는 복귀다.

토인비는 사마천과 마키아벨리도 예로 들었다. 사마천은 남자로서는 감당할 수 없는 치욕적인 궁형을 받고 『사기』를 썼다. 남자의 생식기가 잘린 치욕과 고통의 퇴수 시간에 쓴 불후의 역사서, 역사적 기록물로 복귀한 것이다. 사마천에게 '궁형'이라는 퇴수 기간이 없었으면 『사기』라는 복귀도 없었을 것이다.

마키아벨리는 피렌체 감옥에 갇힌 '퇴수'의 세월에 『군주론』을 썼다. 정치적·시대적 상황 때문에 옥에 갇혔던 고통과 좌절의 퇴수에서 그는 세계적인 저술로 다시 역사에 복귀했다.

그렇다면 김대중은?

나는 '퇴수'와 '복귀'라는 틀을 가지고 정치인 김대중의 현재와 미래를 그려보고자 했다. '김대중'이라고 하는 정치인이 야당 대통령 후보로 나왔다가 무참히 패배하고 영국으로 떠나 있는 기간이 그의 퇴수라면 그는 도대체 어떻게, 어떤 방식으로, 무엇이 되어 복귀할 것인가. 사마천의 『사기』나 마키아벨리의 『군주론』 같은 저술로 복귀할까?

나는 그렇게 보지 않았다. 틀림없이 모세의 방식과 같은, 정치지도자로 복귀할 것이라고 봤다. 그것은 직감이나 뇌피셜이 아니었다. 기자로서 오랫동안 관찰했던 통찰이었다. 그렇다면 정치 지도자, 곧 대통령으로 복귀하려면 어떻게 해야 할까? 나는 장문의 글로 그 '성공 비결'을 그려냈다. 그 글을 요약하면 이렇다.

"김대중의 진정한 복귀는 '대통령 당선'에 있다. 그런데 이전의 모든 득표율을 보면 35퍼센트 이상을 넘지 않는다. 아무리 못해도 40~45퍼센트 이상이 되어야 당선이 될 터인데 이에 필요한 5~10퍼센트의 추가 득표를 김대중 혼자만으로 하기는 어렵다. 여기에 '정치 공학'이 필요하다. 5~10퍼센트의 득표율을 가진 제3자와 연합하는 것이다."

포커 판을 예로 들면 쉽게 이해할 수 있다.

"포커 판에서 마지막 베팅의 순간이 왔다 치자. 자신이 가진 100만 원을 다 걸었음에도 막판에 10만 원이 없어 마지막 베팅을 못한다면 이미 걸었던 100만 원의 의미까지 사라진다. 이때 필요한 10만 원은 100만 원과 맞먹거나 그 이상의 가치를 갖는다. '전부 아니면 전무(All or Nothing)' 게임에서 그 10만 원을 보태줄 협력자가 필요한 것이다. 전부를 얻느냐, 전부를 잃느냐. 마지막 베팅에 필요한 5~10퍼센트의 '현금'을 구하기 위해서는 제3 세력과의 연합이 필요하다. 대통령 선거판에서 마지막 승리를 거둘 수 있는 절대적 요건이다."

이른바 'DJP 연합'의 암시였다. 이 글이 《월간중앙》에 실린 뒤 김대중 총재가 나를 불렀다. 장소는 그분이 잘 가는 어느 호텔방이었다. 장성민 비서가 나를 안내했다. 그리고 김 총재와 나는 장시간 동안 대화했다. 김대중 총재는 그날 나를 "고 동지"라 불렀다. 장성민 당시 비서가 그날의 증언자다.

"고도원 동지, 오늘 연설문 좋아요."
대통령의 이 한마디에 내가 날아갈 듯 편해졌다는 말을 앞에서 했다. 그 한마디로 나는 비로소 자유를 얻었다. 내가 쓴 연설문 초안을 놓고 입김을 불어넣으려는 사람들이 사라진 것이다.
대통령의 신임이 아무리 두터워도 대통령 연설문은 손을 많이 타기 마련이다. 간섭하는 사람이 많다. 이를테면 어느 장관이 대통령과 면담을 마치고 돌아가면서 "오늘 대통령님과 말씀을 나누었다. 이번 8·15 연설 때 이런이런 부분을 꼭 넣기로 했다"라며 압력을 넣는 경우가 종종 있곤 했다.
그 말을 듣는 순간 "그것은 장관님의 희망사항이시고, 대통령의 연설문에 들어갈 내용이 아닌 듯한데요"라는 대꾸가 목구멍까지 올라왔다. 그러나 참을 수밖에 없었다. 대신 실제 연설문에는 일체 반영하지 않았고, 그러면 그 후과(後果)가 만만치 않았다. 온갖 험담과 비방이 뒷담화처럼 들려온다. 이때마다 나는 지위고하를 막론하고 몸으로 부딪치고 저항했다. 오늘 정말 끝장내자, 사표 낼 각오로 몸을 던지는 상황들이 더러 발생했다.
그중 하나가 당시 박준영 홍보수석실의 문짝을 발로 차 부숴버린 일이다. 나중에 전남도지사를 거친 그는 내가 존경하고 잘 따르던 언론계 선배였다. 그러나 대통령 연설문과 관련해서는 이따금 생각이 달라서, 대통령 연설문의 방향과 내용을 놓고 간혹 세게 부딪치곤 했다.
도저히 김대중 대통령의 것이 아니라고 봤던 내용을 연설문에 넣으라며 상급자로서 강요하는 순간 나는 저항했다. 박 수석이 손질한 연설문 초안을 들고 수석비서관실의 문짝을 발로 차고 들어갔다. 꽝 하고 문짝 한쪽이 부서졌다. 두 사람의 고성이 밖으로 터져 나왔다. 방을 나올 때에도 나는 문짝을 차고 나왔다. 그때 옆방에서 숨을 죽이고 있던 강은봉, 강원국을 비롯한 행정관들이 놀란 눈으로 나를 바라봤다.

"고 비서관님이 그날로 끝나는 줄 알았어요."

그날 일은 너무나도 유명한 에피소드가 됐다. 글을 쓴다는 것에는, 특히 대통령 연설문을 쓴다는 것에는 그런 불같은 열정이 필요하다고 나는 지금도 믿고 있다.

그런데 그런 열혈청년이 지금은 그 모든 성정을 내려놓고 고요하고 평화로운 명상의 길을 걷고 있다. '고도원의 아침편지'를 쓰며 치유의 글을 쓰고 있다. 또다른 아이러니가 아닐 수 없다. 글 쓰는 일은 신성한 일이다. 인생을 걸어볼 만하다.

이 책에 인용된 작품들은 저작권자에게 허락을 구하여 사용한 것입니다. 권리자를 찾지 못한 몇 작품의 경우, 추후 연락을 주시면 사용에 대한 허락 및 조치를 취하도록 하겠습니다. 작품 인용을 허락해 주신 분들께 감사드립니다.

누구든 글쓰기

초판 1쇄 2025년 8월 1일
초판 2쇄 2025년 8월 20일

지은이 | 고도원
펴낸이 | 송영석

주간 | 이혜진
편집장 | 박신애 **기획편집** | 최예은·이나연 (외부편집: 장윤정)
디자인 | 박윤정·유보람
마케팅 | 김유종·한승민
관리 | 송우석·전지연·채경민

펴낸곳 | (株)해냄출판사
등록번호 | 제10-229호
등록일자 | 1988년 5월 11일(설립일자 | 1983년 6월 24일)

04042 서울시 마포구 잔다리로 30 해냄빌딩 5·6층
대표전화 | 326-1600 **팩스** | 326-1624
홈페이지 | www.hainaim.com

ISBN 979-11-6714-120-0

파본은 본사나 구입하신 서점에서 교환하여 드립니다.